百姓财经知识读本

支付宝 网银 微信支付

胡冬鸣 编著

中国财经出版传媒集团
中国财政经济出版社

图书在版编目（CIP）数据

支付宝 网银 微信支付／胡冬鸣编著．—北京：中国财政经济出版社，2017.9

（百姓财经知识读本）

ISBN 978-7-5095-7712-7

Ⅰ.①支… Ⅱ.①胡… Ⅲ.①电子商务-支付方式-研究 Ⅳ.①F713.361.3

中国版本图书馆 CIP 数据核字（2017）第 213333 号

责任编辑：李　冰　　　　　　　　责任校对：黄亚青
封面设计：陈宇琰

中国财政经济出版社 出版

URL：http：//www.cfeph.cn

E-mail：cfeph @ cfeph.cn

（版权所有　翻印必究）

社址：北京市海淀区阜成路甲 28 号　邮政编码：100142
营销中心电话：88190406　北京财经书店电话：64033436　84041336
北京富生印刷厂印刷　各地新华书店经销
880×1230 毫米　32 开　8 印张　153 000 字
2017 年 10 月第 1 版　2017 年 10 月北京第 1 次印刷
定价：28.00 元
ISBN 978-7-5095-7712-7
（图书出现印装问题，本社负责调换）
本社质量投诉电话：010-88190744
打击盗版举报热线：010-88190414　QQ：447268889

前　　言

中国作为网上支付量世界第一的国家，是否会有一天先于他国提前迎接"无现金"时代的到来呢？至少"无现金"时代的到来已不再是"梦想"。网上支付作为电子支付的一种形式，是通过第三方提供的与银行之间的支付接口进行的即时支付方式。这种方式的好处在于可以直接把资金从用户的银行账户中转账到网站账户中，经汇款马上到账，不需要人工确认。客户和商家之间可采用信用卡、电子钱包、电子支票和电子现金等多种电子支付方式进行网上支付。而采用网上电子支付的方式其最大的优势就是大量节省了交易的成本，当然其简便、高效、快捷到账优势就更不用说了。在2016年，中国有4.5亿实名用户使用了支付宝完成交易的支付结算。移动互联网目前已经成为中国人生活方式的一部分，4.5亿消费者过去一年71%的支付笔数发生在移动端，超10亿人次使用指尖上的公共服务。中国银联公布的2016年重要数据中，2016年银联网络转接交易金额72.9万亿元，同比增长35.2%。创新支付方

2　支付宝　网银　微信支付

式作为消费升级的配套服务，成为银行卡产业升级的重要引擎，银联网络广度深度不断扩展，为居民提供更加便捷、安全、高效的境内外支付服务。互联网研究机构易观国际发布的报告显示，2016年第四季度，中国网上银行交易规模达到536.3万亿元，环比增长6.1%。市场份额方面，五大股份制商业银行（中国工商银行、中国建设银行、交通银行、中国农业银行和中国银行）凭借庞大的客户数量位列前五，合计占有71.3%的市场份额。微信团队在2017年微信公开课PRO版上发布了《2016微信数据报告》。该报告显示，微信2016年9月平均日登录用户达到7.68亿人，较2015年同期增长35%，50%的用户每天使用微信时长达90分钟以上（含）。消息日发送总次数较2015年同期增长67%。日成功音视频通话总次数1亿次，较2015年同期增长180%。

目前支付宝和余额宝、网上银行、微信支付三种网上支付方式已经成为大家日常生活中离不开的三个网上支付法宝。而抽出一点时间翻翻作者为您编写的这本介绍网上支付方式方法的小册子，或许还会对您深入了解网上支付方式的具体使用技巧有些真正的帮助。况且作者对支付宝、网银和微信支付的介绍已经远远超出了其支付功能本身。如果您是第一次接受网上支付的知识传授，那就请您在阅读后真正琢磨琢磨，并最好能够尽快加入到这个"行列"。

作者于2017年6月25日写于香雪兰溪

目 录

上篇　支付宝与余额宝业务及其使用

一、支付宝业务的发展历程	1
二、支付宝主要产品特征	3
三、支付宝业务的类型	6
四、余额宝创新	9
五、支付宝账户注册与管理	12
六、支付宝快捷支付	33
七、支付宝转账收款	36
八、支付宝缴费功能	49
九、手机版支付宝	62
十、余额宝理财	73
十一、支付宝的主要安全问题及其安全使用手段	76

中篇 网上银行业务及其使用

一、网上银行业务的发展历程	85
二、网上银行业务的主要特征	91
三、网上银行的类型	92
四、网上银行业务的优势	93
五、个人网上银行业务的开通	95
六、个人网上银行账户管理	100
七、个人网上银行转账汇款	105
八、个人网上自助缴费业务	116
九、个人网上银行贷款业务	124
十、个人网上银行理财服务	127
十一、个人手机银行业务开通	137
十二、个人手机银行转账汇款业务	143
十三、个人手机银行支付业务	146
十四、个人手机银行理财服务	147
十五、企业网上银行业务开通	151
十六、企业网上银行账户信息管理	153
十七、企业网上银行汇款业务	155
十八、企业网上银行代收代付业务	163
十九、企业网上银行付款业务	165
二十、网上银行的主要安全问题及其安全使用手段	187

下篇　微信支付及其使用

一、微信支付的发展历程	196
二、微信支付的主要特征	199
三、微信支付的主要类型	202
四、商户微信支付的申请	203
五、商户微信红包发放申请	224
六、个人用户微信支付功能申请	230
七、个人用户微信支付使用	231
八、微信支付的主要安全问题及其安全使用手段	240

上篇
支付宝与余额宝业务及其使用

一、支付宝业务的发展历程

支付宝是阿里巴巴集团于 2004 年年末创办的独立第三方支付平台。支付宝的发展历程大体分为两个阶段，即从最初的"植根淘宝网"到"独立支付平台"。与同时期诞生的其他第三方支付平台不同，支付宝一开始只面向淘宝网，即与淘宝网购物的应用场景相结合，服务于淘宝网的交易。支付宝是国内领先的独立第三方支付平台，并提出致力于为中国电子商务提供"简单、安全、快速"的在线支付解决方案。

从金融业务属性来看，支付宝属于信用担保型平台。所谓信用担保就是在网上支付过程中起到信用担保和代收代付的作用，其实质是以支付宝为信用中介，在买家确认收到合格货物前，由支付宝替买卖双方保存支付款的一种增值服务。使用支付宝结算时，买家在网上选中自己所需商品后与卖家取得联系并达成协议，这时买方需把货款汇到支付宝这个第三方账户上，支付宝作为中介方立即通知卖方钱已经收到，可以发货，待买方收到商品并确认无误后，支付宝才会把货款汇到卖方的账户以完成整个交易。支付宝在这个流程中充当第三方的角色，同时为买卖双方提供信誉担保，确保交易安全进行。支付宝这种支付模式在我国信用体系不完善的情况下应运而生，有效地解决了电子商务发展的支付瓶颈和信用瓶颈，有力地推动了我国电子商务的发展。

淘宝网的发展为支付宝带来源源不断的用户。2004年，阿里巴巴管理层认识到支付宝在初步解决淘宝信用瓶颈后，不应该只是淘宝网的一个应用工具，即"支付宝可以是个独立的产品，成为所有电子商务网站一个非常基础的服务"。2004年12月支付宝从淘宝网分拆，支付宝网站上线，并通过浙江支付宝网络科技有限公司独立运营，宣告支付宝从淘宝网的第三方担保平台向独立支付平台发展。

随着时间的发展，支付宝逐渐成为电子商务的一项基础服务，担当着"电子钱包"的角色。目前除淘宝和阿里巴巴外，支持使用支付宝交易服务的商家已经超过46万家，涵盖B2C（Business-to-Customer）、网游、航空旅游酒店、教育缴费、公共事业缴费、传统行业（物流、保险、服务）、海外商户等领域。这些商家在享受支付宝服务的同时，更是拥有了一个极具潜力的消费市场。

蚂蚁金服旗下支付宝2017年1月4日发布了2016年支付宝相关交易额数据。通过对海量用户行为进行计算和分析，指出2016年4.5亿实名用户使用了支付宝。移动互联网已经成为中国人生活方式的一部分，4.5亿消费者2015年71%的支付交易发生在移动端，超10亿人次使用"指尖上的公共服务"。"80后"、"90后"已经成为这一趋势中的主流人群，"80后"人均年支付金额已超过12万元，"90后"使用移动端支付的比例更是高达91%。支付宝2016年全民账单显示，目前移动支付笔数占整体比例高达71%，2015年这一数据仅为65%，移动支付渗透率的攀升很大程度上是因为线下手机支付的习惯养成。从省级地区的全年支付总金额来看，广东省排名第一，占全国的16%；随后是浙江省和江苏省。而从人均支付金额来看，上海市人均支付金额达到14.8万元，是2015年的近1.5倍，随后是浙江省、北京市、福建省、江苏省。这5个省市的人均支付金额均迈入"10万元"时代。而在2015年，只有上海达到了这个水平。从移动支付渗透率来看，内陆地区的西藏以90%的移动支付占比排名第一，随后是青海、甘肃，远远超过沿海省份。

二、支付宝主要产品特征

支付宝主要提供支付及理财服务。包括网购担保交易、网络支付、转账、信用卡还款、手机充值、水电煤缴费、个人理财等多个领域。在进入移动支付领域后，为零售百货、电影院线、连锁商店、超市和出租车等多个行业提供服务，还推出了余额宝等理财服务。

（一）第三方支付平台

在目前，除了网上银行、电子信用卡等手段之外还有一种支付方式也可以相对降低网络支付的风险，那就是正在迅猛发展起来的第三方机构的支付模式及其支付流程,而这个第三方机构必须具有一定的诚信度。在实际的操作过程中这个第三方机构可以是发行信用卡的银行本身。在进行网络支付时代前,信用卡卡号以及密码的披露只在持卡人和银行之间转移,降低了应通过商家转移而导致的风险。当第三方是除了银行以外的具有良好信誉和技术支持能力的某个机构时,支付则通过第三方在持卡人或者客户和银行之间进行。持卡人首先和第三方以替代银行账号的某种电子数据的形式传递账户信息,避免了持卡人将银行信息直接透露给商家,另外也可以不必登录不同的网上银行界面,而取而代之的是每次登录时,都能看到相对熟悉和简单的第三方机构的界面。第三方机构与各个主要银行签订有关协议,使得第三方机构与银行可以进行某种形式的数据交换和相关信息确认。这样第三方机构就能实现在持卡人或消费者与各个银行,以及最终的收款人或者是商家之间建立一个支付的流程。支付宝的主要特征如下:

1. 安全

支付宝提供担保交易,货到付款,最大限度确保买卖双方货款都安全无损。支付宝安全法宝是指:支付宝实名认证、数字证书和手机动态密码提升账户安全。安全优势有:128位SSL加密传输技术,确保交易信息的安全;风险控制系统24小时运作,做到事前防范,事中控制与事后处理相结合;订单管理与资金进出分权限管理,保障账户操作安全;全国唯一一家在银行进行资金托管的第三方支付公司,确保资金安全。

2. 简单

支付宝操作流程简单，交易、账单管理体系一目了然；提供全套在线资金结算服务，简化传统业务流程；7×24小时服务热线，及时解决客户的各种问题。绑定支付宝卡通业务，银行资金及时到账；支持全国95%以上的银行，其中包括15家全国范围银行以及众多的地方性商业银行，外加移动端与线下支付功能，为用户提供多种充值及支付渠道，极大方便用户。

3. 快捷

支付宝提供的即时到账业务能够加快资金的周转速度；绑定支付宝卡通业务，银行资金及时到账；即时到账业务加快资金的周转。

(二) 支付宝的盈利模式

1. 沉淀资金

消费者使用支付宝实现网上购物是实时付款，而支付宝支付给网店的货款则是按照周甚至月度在结算。以平均结算周期为半个月计算，沉淀资金将高达60亿元以上，支付宝的账户上随时都会有超过60亿元的资金供支付宝使用，每年的利息收入也将超过2亿元人民币，而且随着电子商务的发展，网购规模不断扩大，支付宝能够使用的资金也随之壮大。

2. 服务佣金

目前第三方支付企业首先和银行签订协议，确定给银行缴纳的手续费率；然后，第三方支付平台根据这个费率，加上毛利润即为服务佣金，向客户收取费用。

3. 广告收入

支付宝主页上发布的广告针对性强,包括横幅广告、按钮广告、插页广告等。总体上看,广告布局所占空间较少,布局设计较为合理,体现出内容简捷、可视性强的特点。而且主页上也还有若干公益广告,可以让用户了解更多的技术行业信息。

4. 金融增值性服务

支付宝提供的金融增值服务内容主要涉及的领域有:(1) 转账功能包括转账付款、AA 收款、担保收款、担保付款、团队收款、交房租、我要收款等;(2) 快速提现功能;(3) 缴费功能包括交通罚款代办、话费卡转让等;(4) 安全类产品包括短信校验服务(单笔付款金额超过 500 元或每日累计付款超过 1000 元免费,除此之外额度费用为 0.6 元/月);(5) 信用卡支付功能包括信用卡分期付款、信用卡即时支付等;(6) 国际支付功能包括在非中国大陆地区发行的信用卡、借记卡、预付卡或在非中国大陆地区开立的银行账户等进行支付的,包括中国香港 PPS、境外信用卡支付或境外信用卡快捷支付等;(7) 支付宝推出的其他收费服务。

三、支付宝业务的类型

(一) 透支支付

支付宝推出信用支付,额度根据用户的工作性质、产品类型等综合评定,一个账户最高可透支 5000 元。用户使用支付宝付款不用再捆绑信用卡或者储蓄卡,能够直接透支消费,透支额度最高 5000 元。继推出余额宝后，支付宝继续推出信用支付服务，贷款资金全部由合作银行提供。

当支付宝账户中有余额时，直接输入支付密码就可用支付宝账户余额支付。支付宝卡通过银行卡账户与支付宝账户合二为一，从此无需在付款时再登录网银，只需输入支付密码，即可轻松用银行卡上余额完成支付，同时避免网银密码外泄风险，就像刷卡一样安全、方便。目前，已支持全国37家银行。

附加功能：实现实时提现功能，真正零等待，自动帮用户完成支付宝认证，收款、开店两不误。

（二）网上银行

使用支付宝付款时，可以自由选择全国14家商业银行的网银进行支付并且支付宝还支持香港发行的带有 VISA 或 MasterCard 标志、开通 3D 认证的信用卡，只需在付款时登录相应网银，即可享受购物乐趣！

（三）消费卡

无需开通网银，只要拥有一张百联 OK 卡就可以给支付宝充值进行网上购物。支付宝全国 3 万个线下网点突破互联网限制，在线下网点即可轻松充值、付款。还可以在中国邮政、连锁便利店的拉卡拉终端、连连支付空中充值店使用现金或银行卡购买支付宝充值码，或为网上交易的订单直接付款。

（四）货到付款

支付宝货到付款，只需在拍下商品后选择货到付款功能，即可等待物流公司送货上门，验货完毕后将款项当面交付，轻松完成交易。该服务仅限淘宝网指定店铺使用。

(五) 邮政付款

中国邮政和支付宝共同推出的支付方式,无须开通网上银行,用户只需到中国邮政柜台办理"邮政网汇e业务"就可以给支付宝账户充值,或者办理"邮政代收业务"直接完成支付宝交易付款。

(六) 转账服务

支付宝转账服务包括"我要付款"、"我要收款"、"找人代付"、"代充"、"代扣"、"送礼金"、"交房租"、"AA收款"共8项,力求为用户提供一个安全快捷的转账平台。

"我要付款"是支付宝提供的付款产品,基于对交易对方的信任,自愿付款给对方,当用户点击"我要付款",款项就马上到达对方支付宝账户。每个支付宝认证账户有10000元的免费转账额度,每日可转账2000元;同时,若安装了数字证书,可将每日转账额度免费提升至20000元。

"我要收款"是通过支付宝向另一位用户发起的收款产品,只要对方有邮箱就可以向他(她)发起收款,对方付款后,款项将直接到用户的支付宝账户中。每个账户每日可发起21笔收款,每笔金额不超过2000元。

"找人代付"是指在网上购买商品后,可以找别人来完成网上付款业务。目前找人代付已支持82家商户,包括淘宝网、苹果官网等购物网站。

"代充"是用户可以帮其他支付宝账号充值的产品。为保证用户的资金安全，每日只可以为同一个账户充值3次，每笔不超过500元。

"代扣"是指支付宝根据设置的付款理由、付款金额、付款时间等信息，自动进行付款的产品。开通"代扣"后，支付宝会自动扣款并进行及时通知。

"送礼金"是支付宝付款产品的一种，只需有朋友的邮箱或手机号码，就可以给他（她）送礼金。

"交房租"是支付宝付款产品的一种，只需要房东的邮箱或手机号码，就可以随时随地给房东付房租，方便快捷。

"AA收款"是支付宝收款产品的一种，当朋友一起聚餐、聚会产生费用时，可以用"AA收款"向与会者发起收款，只需要输入朋友名字，就可以轻松创建收款链接，把该链接用QQ、微博、MSN发出去，即可把收款通知到付款人处。

收款主页是支付宝推出的针对个人收款的一种产品，用户可以免费申请收款主页，未来收款可以直接将主页链接发送给付款方，对方可以在收款主页上直接付款，在收到款项后用户会收到E-mail或短信通知。收款主页上只显示姓名、注册时间以及是否为实名认证用户，支付宝账户和手机都进行了省略处理。这对于需要长期收款的个人用户是相当方便的，在网店、博客挂上付款链接后客户即可直接进入付款，方便很多。

四、余额宝创新

2013年6月阿里巴巴推出的余额宝，是蚂蚁金服旗下提供余额增值服务和活期资金管理服务的产品。余额宝对接的是天弘基金旗下的增利宝货币基金,特点是操作简便、低门槛、零手续费、可随取随用。除理财功能外,余额宝还可直接用于购物、转账、缴费、还款等消费支付,是移动互联网时代的现金管理工具。到目前为止,余额宝是中国规模最大的货币基金。

(一)余额宝与支付宝

余额宝和支付宝有什么区别?支付宝是第三方支付工具,而余额宝是一种互联网理财产品,可以说是支付宝的附加产品,它依附于支付宝而存在,使得支付宝成为了会赚钱的钱包。余额宝和支付宝区别主要有:

1. 产品类型不同

余额宝是一种理财产品,而支付宝是第三方支付工具。

2. 收益不同

资金存入余额宝后,每天可以获得一定的基金收益,而支付宝中的资金是没有收益的。

3. 功能不同

余额宝是消费、转账功能,而支付宝是消费购物、转账、信用卡还款、充值等多种功能。

4. 安全性能不同

余额宝存在投资风险,支付宝对余额宝提供被盗金额补偿的保障。支付宝相对于余额宝较安全,支付需要证书或者验证码等。

(二)余额宝创新

银行账户上活期存款的利息只有 0.35%(截至 2017 年 6

月末数据),支付宝账户里的资金利息是0。因为支付宝不是银行,金融监管政策不允许支付宝给账户上的资金发放利息。

余额宝在销售货币基金的流程上进行了小小的金融创新。推出了基于支付宝账户的余额宝功能。支付宝账户上的资金可以随时进行消费和转账,但是没有利息。可一旦把资金从支付宝账户转到余额宝,余额宝就自动帮用户把资金购买天弘增利宝的货币基金。货币基金是个人闲钱选择的一个好选择,它是由基金管理人运作,基金托管人保管资金的一种开放式基金,专门投向低风险的货币市场工具,区别于其他类型开放式基金,具有高安全性、高流动性、稳定收益性。货币基金买卖不需要手续费,收益普遍高于商业银行1年期定期存款利息,而且灵活性远远高于一年期定期存款,赎回2~3个工作日到账,具有准储蓄的特征。跟一般货币基金理财服务相比,余额宝最大的优势在于,它不仅能够提供高收益,还能全面支持网购消费、支付宝转账等几乎所有的支付宝功能,这意味着资金在余额宝中一方面在时刻保值增值,另一方面又能随时用于消费。同时,与支付宝余额宝合作的天弘增利宝货币基金,支持"T+0"实时赎回,这也就意味着,转入支付宝余额宝的资金可以随时转至支付宝余额,也可直接提现到银行卡。

直接用余额宝和银行活期存款比较是不准确的。余额宝的收益不是利息,而是货币基金的收益,尽管货币基金的风险很低,但还是要比法定付息的存款风险要高。而对于银行账户来说,如果用户不把钱放在活期账户上,而是通过银行买了货币基金,同样可以获得类似余额宝收益,只不过这个货币基金里的钱需要转入银行账户里的活期存款才能进行消费。

(三) 余额宝的三大功能

1. 理财增加收益

余额宝本质上是一款货币基金,虽然收益有波动,但是流动性较强,能够实现随用随取。转入余额宝的资金在第二个工作日由基金公司进行份额确认,并对已确认的份额开始计算收益。

余额宝对于用户的最低购买金额没有限制,一元钱就能起买。用户使用余额宝的目标是让零花钱也都获得增值的机会,哪怕一两元、一两百元都能理财。支付宝还为余额宝提供了被盗金额补偿的保障,确保资金万无一失。

2. 购物支付

跟一般的理财服务相比,余额宝的优势在于转入余额宝的资金不仅可以获得较高的收益,还能随时消费支付,灵活便捷。余额宝内的资金能用于淘宝购物的支付,这对一些喜欢网购的用户来说是十分便利,享受收益的同时,又不影响购物支付。

3. 转账

余额宝可以将账户的资金转到银行卡,或是转到支付宝,还可以将资金转到别人的账户,也可以用来还信用卡还款、缴纳水电费、话费充值等。

五、支付宝账户注册与管理

(一) 支付宝账户的注册

1. 登录支付宝注册官网(https://www.alipay.com),如果是已注册用户,则直接点击"登录"按钮进行登录;如果是新用户，则须点击"注册"按钮进行注册后才能使用（如图1所示）。

图1　支付宝注册官网

2. 点击"注册"按钮并进入相关注册界面后，在个人账户和企业账户之间进行选择。点击"个人账户"，国籍或地区系统默认选择"中国大陆"地区，输入手机号码，并获取手机验证码后，填入"短信校验码"输入框，在"同意《支付宝服务协议》"前空格里打勾后，点击"下一步"按钮（如图2所示）。

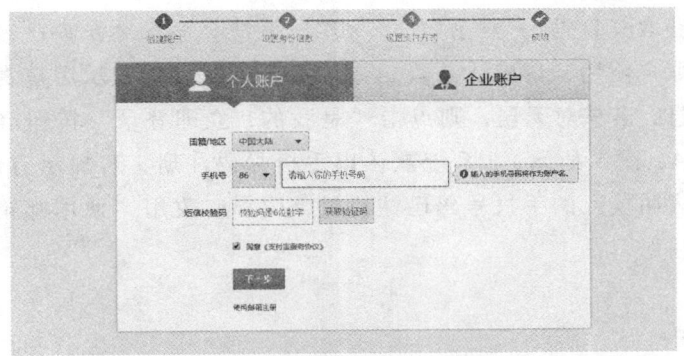

图2　支付宝使用手机号码创建支付宝个人账户页面

用户需要认真阅读支付宝服务协议,点击《支付宝服务协议》按钮,可以阅读支付宝服务协议的具体内容如图3所示。

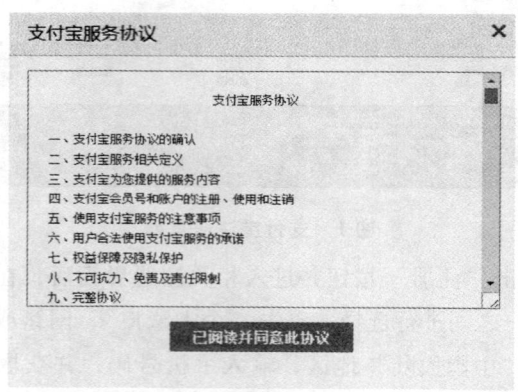

图3 《支付宝服务协议》具体内容介绍页面

3. 若新用户获取手机验证码时超时操作,则须点击"重新获取校验码";点击"下一步",系统会显示"账户已被以下账户使用,请确认是否归你使用"字样,并显示用户真实信息,若核对无误,则点击"是我的,立即登录"按钮(如图4、图5所示)。系统默认以手机号码注册,若提示有误,则表明填入的手机号码已注册过,用户应改用"使用邮箱方式注册"。

上篇　支付宝与余额宝业务及其使用　15

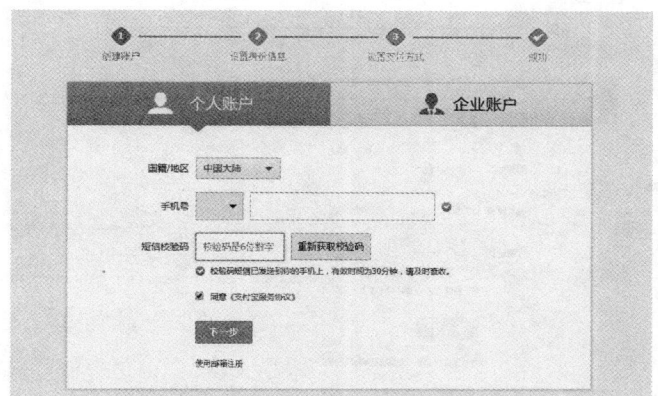

图4　支付宝创建个人账户重新获取校验码页面

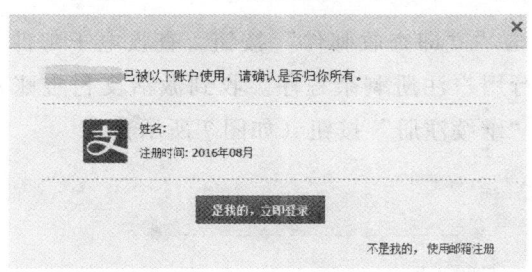

图5　支付宝手机验证码超时操作页面

4. 若用邮箱注册个人支付宝账户，在登录支付宝注册官网后，点击"注册"按钮进入用户注册界面；点击"个人账户"按钮页面下的"使用邮箱注册"按钮并进入邮箱注册用户界面，国家或地区系统默认选择"中国大陆"地区，输入邮箱地址和验证码，点击"下一步"按钮（如图6所示）。

图 6　支付宝使用邮箱注册创建个人账户页面

5. 点击"立即查收邮件"按钮，查收电子邮件中的链接并继续进行用户注册剩余程序。收到激活支付宝账户的邮件后，点击"继续注册"按钮（如图 7 所示）。

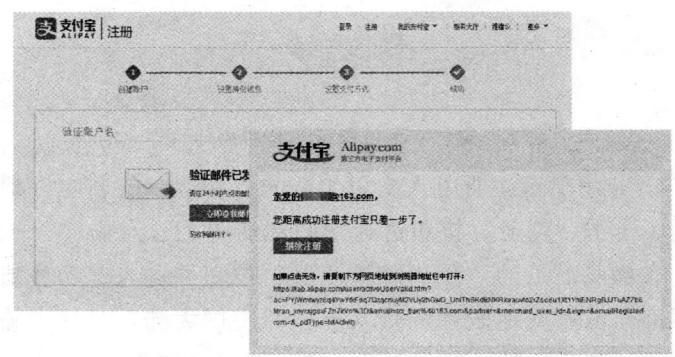

图 7　支付宝验证邮件用户注册页面

6. 用户在设置身份信息阶段须填写账户基本信息，设置支付宝账户登录密码、支付密码、真实姓名、身份证号码及其有效期、职业、常用地址等真实信息（如图 8 所示）。注册完成后不可修改。

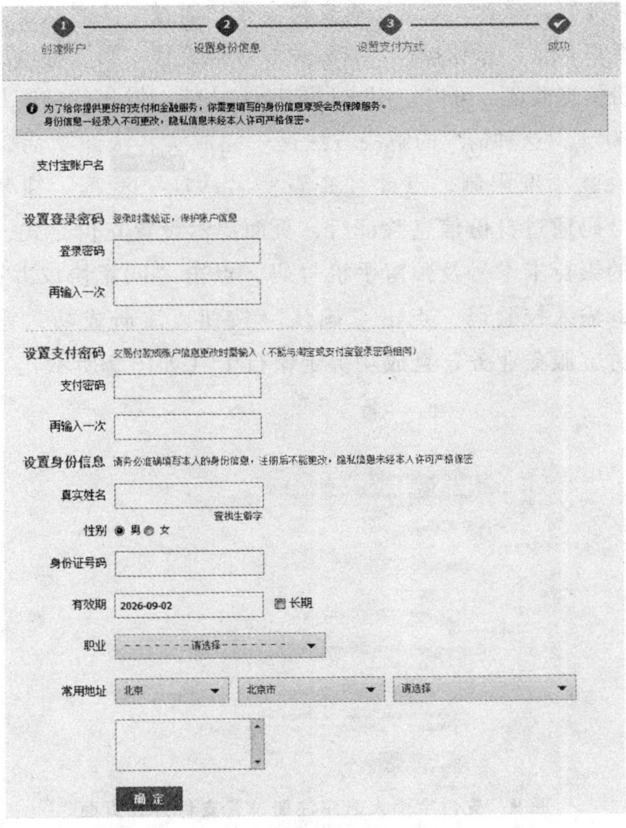

图 8　支付宝账户注册设置身份信息界面

7. 点击"确认"按钮成功后，会有两种情况可能发生。第一种情况是未通过身份信息验证。如未通过身份证验证，用户可以在网上购物，但不可以充值、查询收入明细，收款金额会被冻结。遇到这种情况的解决方法是点击"完成实名认证"按钮，查看实名认证流程。或者，原来已有支付宝账户通过了实名认证，请点击"关联认证"按钮操作，查看关联认证流程。第二种情况是通过身份信息验证，可以使用支付宝所有功能，但收款额度每年只有 5000 元，这种情况的解决方法是"完成实名认证"后，即可取消收款额度限制，点此"查看实名认证"流程。姓名和身份证号码通过身份信息验证后，页面提示设置支付方式，输入用户的银行卡卡号及预留手机号码，点击"同意协议并确定"按钮，输入校验码，点击"确认"按钮，注册成功，完成开通支付宝服务业务，且成功绑定银行卡（如图 9 所示）。

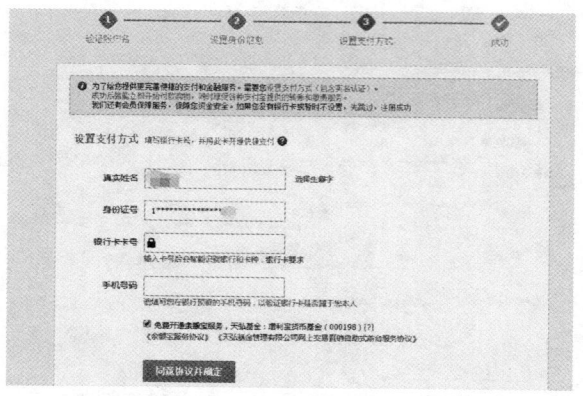

图 9　支付宝个人账户注册设置支付方式页面

若系统提示设置支付方式不成功，用户可以选择"跳过，注册成功"按钮完成账户注册过程（如图10所示）。

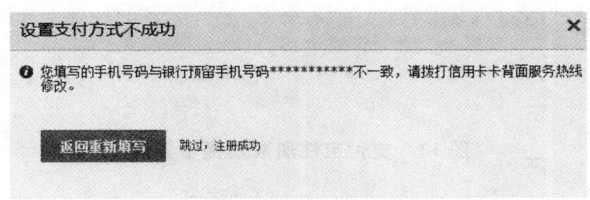

图10　支付宝支付方式设置不成功提示界面

8. 注册成功后，系统会自动弹出确认账户身份信息界面，显示用户的真实姓名和身份证号码信息。核对无误后点击"确认"按钮（如图11所示）。

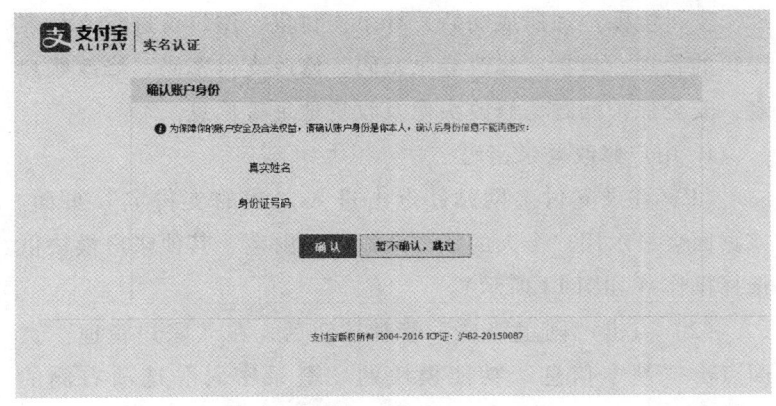

图11　支付宝实名认证确认账户身份

注册成功后，页面会显示如图12所示，点击"完善账户信息"按钮，补全用户职业及身份证有效期信息。

图12 支付宝注册成功提示界面

需要说明的是，部分账户注册成功后，该登录名可在支付宝、天猫、淘宝、聚划算、一淘、阿里巴巴国际站、阿里巴巴中文站、阿里云网上通用，且登录密码与支付宝登录密码要一致。

（二）支付宝账户的管理

支付宝账户注册成功后，登录支付宝，用户可进行支付宝账户的管理，包括：修改登录密码，修改支付密码，修改账户名，安全保护问题，修改头像及收货地址等信息。

1. 用户修改登录密码

（1）登录支付宝网站，点击进入"我的支付宝"页面。该页面会显示用户个人的账户余额、招财宝、其他账户模块供选择操作（如图13所示）。

（2）点击"阿里账户"管理按钮后，在"账户管理"页面点击"基本信息"功能模块的"登录密码"选项右侧的"重置"按钮（如图14所示）。

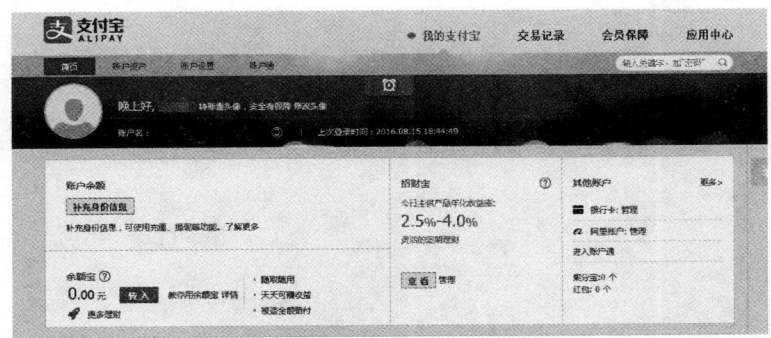

图 13　支付宝网站"我的支付宝"页面

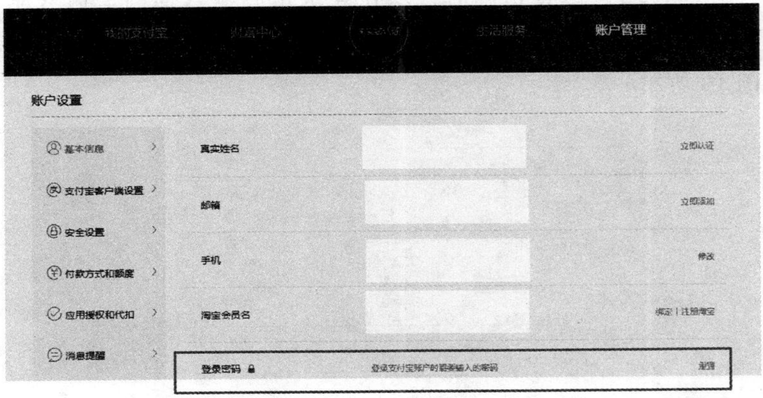

图 14　支付宝"账户管理"登录密码重置页面

用户应在弹出的对话框中，选择"通过登录密码"或"通过验证短信"方式进行登录密码重置，其操作界面如图 15 所示。

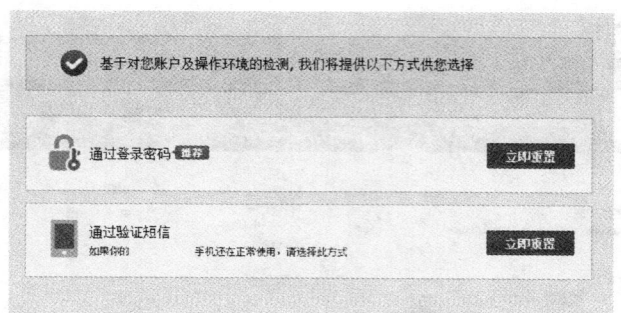

图 15　选择重置登录密码方式页面

(3) 用户重置密码时，须在登录密码输入框内，输入原登录密码，而后点击"下一步"，进行重置登录密码设置（如图 16 所示）。

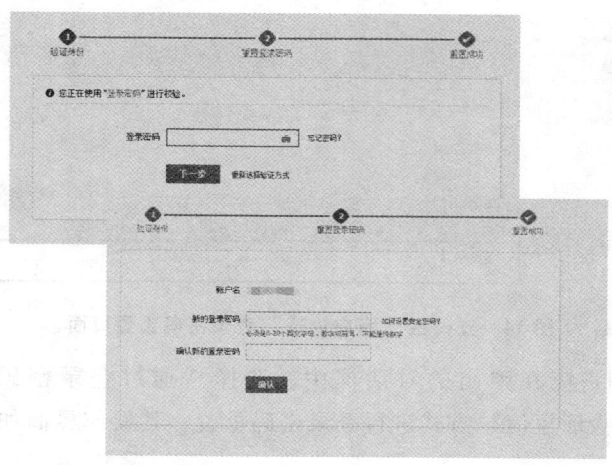

图 16　重置登录密码身份验证及设置新密码页面

（4）密码修改成功后，系统会自动弹出"修改成功，请牢记新的登录密码"对话框。登录密码修改操作完毕（如图17所示）。

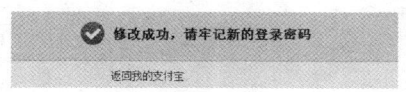

图 17　密码修改成功提示对话框

2. 修改支付密码

（1）登录支付宝网站，进入"我的支付宝"页面，点击"账户管理"页面中的"支付密码重置"按钮（如图18所示）。

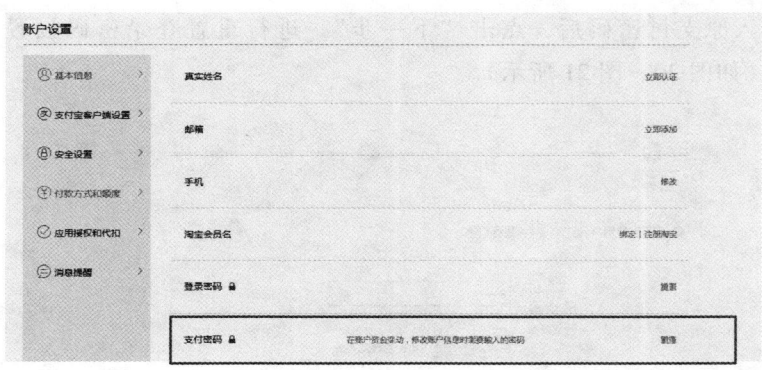

图 18　支付宝"账户管理"支付密码重置页面

（2）用户可选择通过"我忘记支付密码"了或"我记得原支付密码"方式进行重置（如图19所示）。

24　支付宝　网银　微信支付

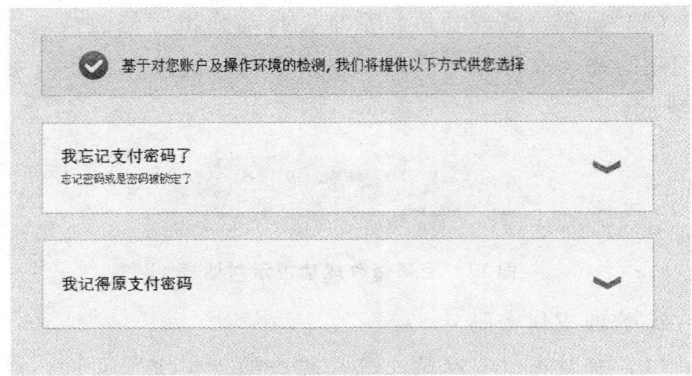

图 19　选择重置支付密码方式页面

（3）用户重置支付密码时，须在登录密码输入框内，输入原支付密码后，点击"下一步"，进行重置登录密码设置（如图 20、图 21 所示）。

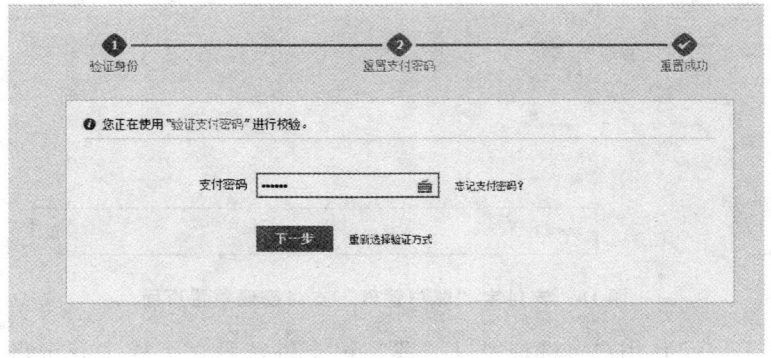

图 20　重置支付密码身份验证页面

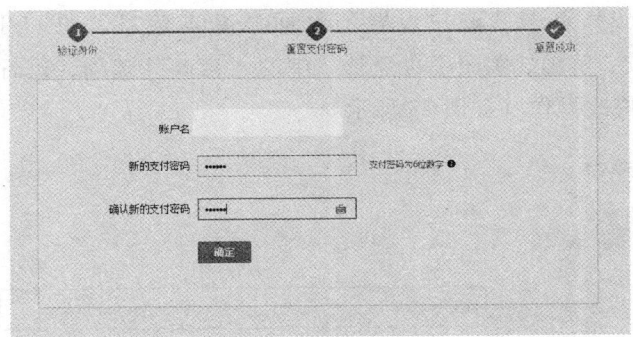

图 21 重置支付密码设置新密码页面

密码修改成功后,系统会同样自动弹出"修改成功,请牢记新的支付密码"对话框,支付密码修改完毕。

3. 修改账户信息

(1)若原账户名是手机号码,则用户登录支付宝网站后,在"其他账户"模块选择并点击"阿里账户""管理"按钮进入相关账户设置界面(如图 22 所示)。

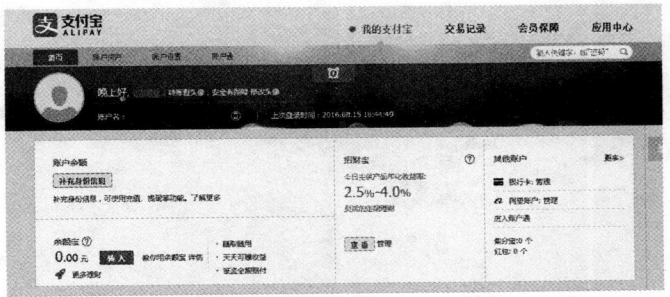

图 22 支付宝首页"我的支付宝"页面

（2）点击"账户设置"页面"基本信息"页"手机""修改、解绑、关闭手机登录"中的"修改"选项，进行手机号码修改操作（如图23所示）。

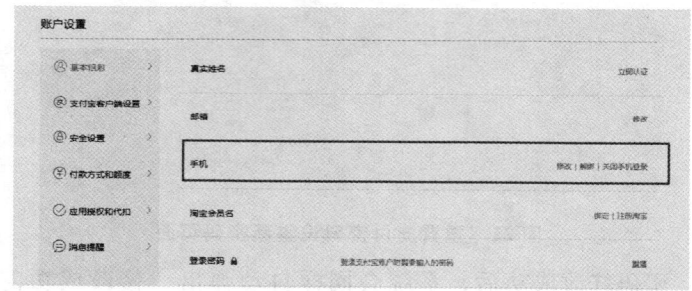

图23 支付宝修改手机号码界面

（3）点击"账户管理"，输入新的手机号码，并在获得校验码后填入校验码输入框。而后点击"确定"按钮（如图24所示）。

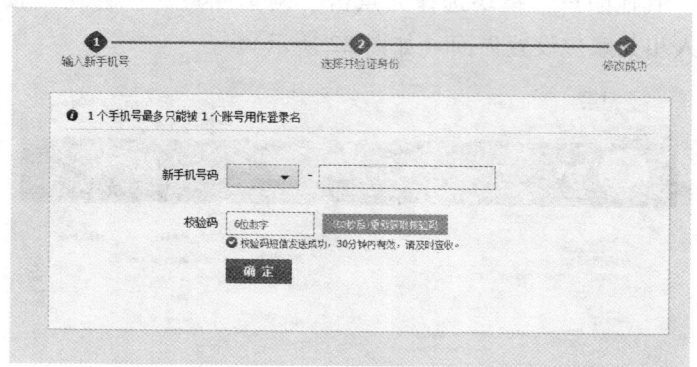

图24 支付宝修改手机号码输入及确认界面

当然，用户还可以通过选择原手机"无法接受短信"或"能接收短信"方式进行身份验证操作（如图 25 所示）。

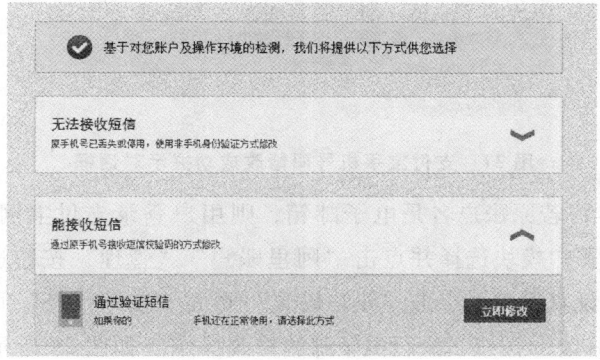

图 25　支付宝修改手机号码身份验证方式选择界面

（4）用户通过原手机号码获取校验码，在将校验码输入对话框内后，须点击"下一步"按钮，完成身份验证（如图 26 所示）。

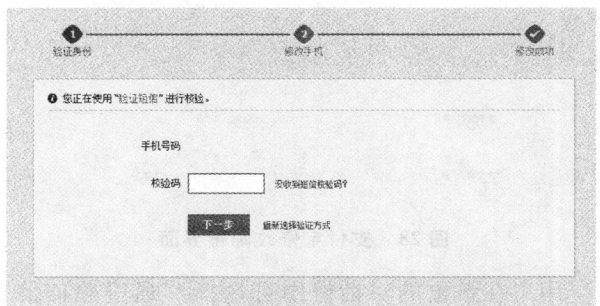

图 26　支付宝通过"验证短信"进行身份验证界面

手机号码修改成功后，系统会自动弹出"修改成功，淘宝账户的手机号也同步进行了修改"字样对话框（如图 27 所示）。

图 27　支付宝手机号码修改成功提示对话框

（5）若原账户名是电子邮箱，则用户登录支付宝网站后，在其他账户模块选择并点击"阿里账户""管理"按钮进入相关账户设置界面。点击"账户设置"页面"基本信息"页"邮箱""修改"按钮，进行电子邮箱修改操作（如图 28 所示）。

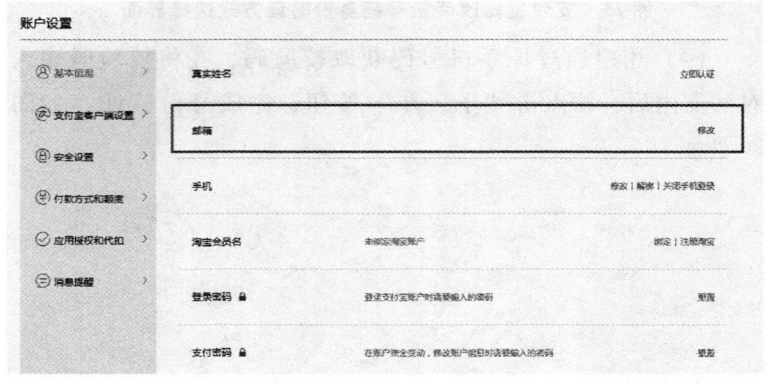

图 28　支付宝修改邮箱界面

（6）用户在弹出的对话框中可选择"通过验证信息 + 验证支付密码"或者"通过人工服务"方式进行修改操作如图

29 所示。

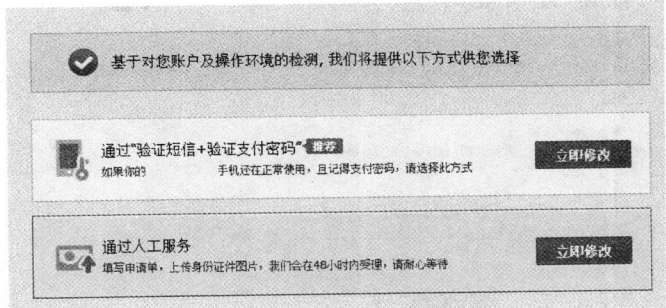

图29 支付宝修改电子邮箱身份验证方式选择界面

（7）若用户选择"通过验证信息＋验证支付密码"方式修改电子邮箱，则可通过手机获得验证码，并输入支付密码及其校验码后，点击"下一步"按钮（如图30所示）。

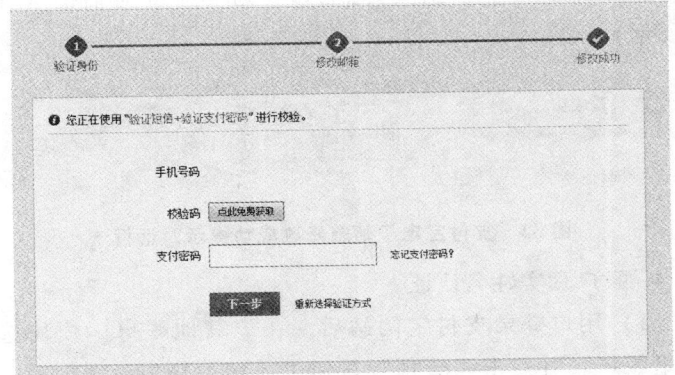

图30 支付宝通过"验证短信＋验证支付密码"进行身份验证界面

而后进入修改邮箱主页,输入新的邮箱后点击"下一步"按钮(如图31所示)。

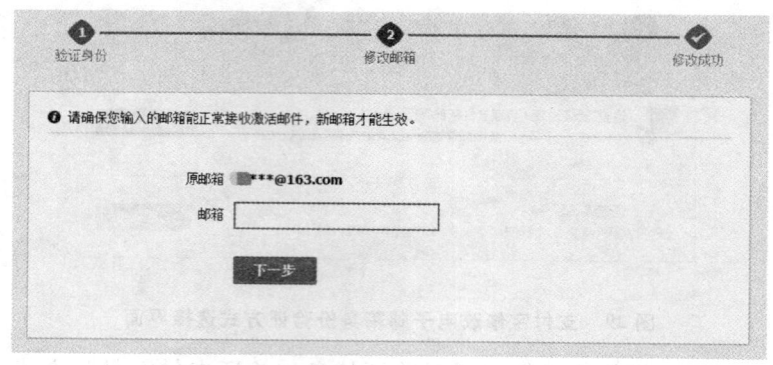

图31　支付宝修改电子邮箱输入及确认界面

通过邮箱验证后,新的电子邮箱修改成功。系统会自动弹出"修改成功,××可作为您的账户名"字样对话框(如图32所示)。

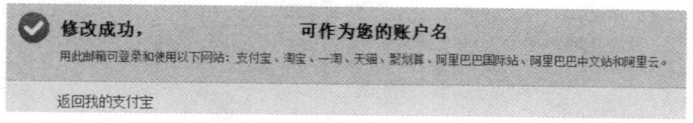

图32　支付宝电子邮箱修改成功提示对话框

4. 账户真实姓名认证

(1)用户登录支付宝网站后,在"其他账户"模块选择"阿里账户"并点击"管理"按钮进入相关账户设置界面。点击"账户设置"页面"基本信息"选项中"真实姓名""立即认证"按钮,进行认证操作(如图33所示)。

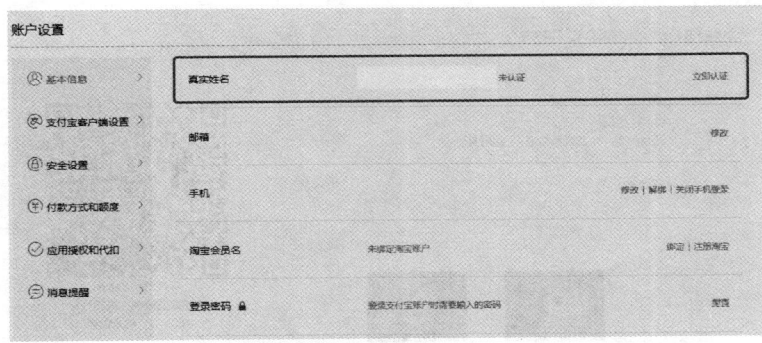

图33 支付宝认证真实姓名界面

(2)在弹出的对话框中点击"点此完善"按钮,进行身份信息验证(如图34所示)。

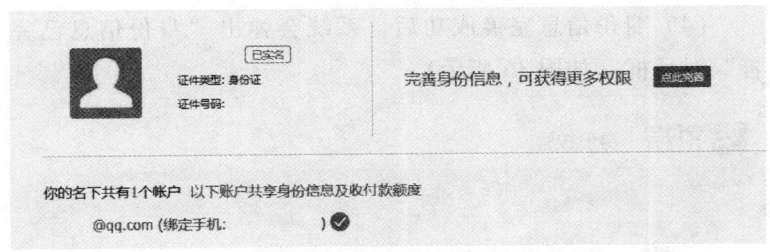

图34 支付宝完善身份信息界面

(3)选择证件类型,并上传身份证件正反面图片,并点击"确认提交"按钮(如图35所示)。

图 35　支付宝完善身份信息身份证件上传界面

（4）身份信息完善成功后，系统会弹出"身份信息已完善"对话框（如图 36 所示）。

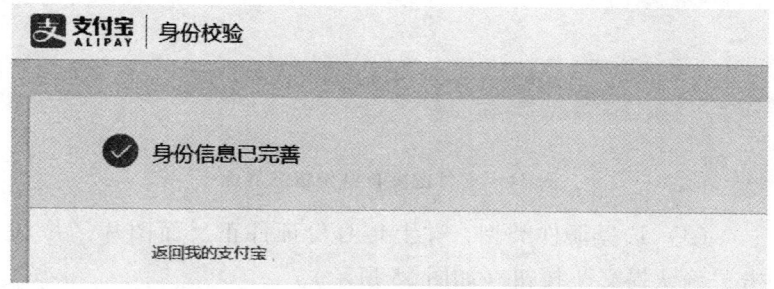

图 36　支付宝身份信息完善成功提示对话框

六、支付宝快捷支付

支付宝快捷支付是一种安全、快捷的付款方式。使用时只需关联银行卡，无需开通网银，付款时只要输入支付宝支付密码和手机校验码即可轻松完成付款。用户开通快捷支付时需要一张自己户名的银行卡，可以上网的电脑或者手机及已经实名认证的支付宝账户。

（1）用户登录淘宝网站，淘宝账号后，在卖家中心支付宝专区，进入"我的支付宝"页面。

（2）在"我的支付宝"首页点击"财富中心"页面进入。该页面会显示账户总资产、总欠款、银行卡相应模块（如图37所示）。

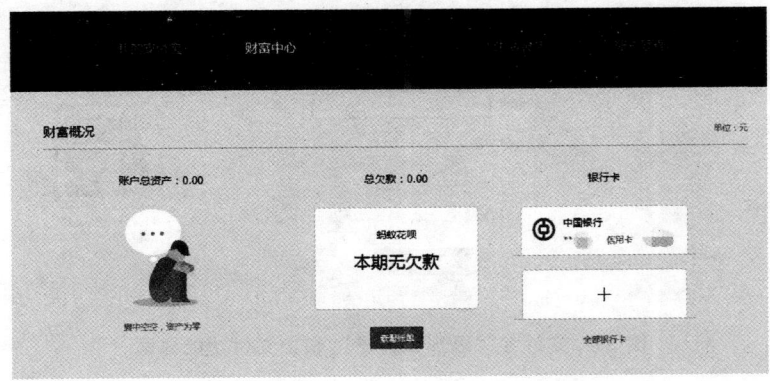

图37　支付宝"财富中心"页面

（3）在"银行卡"功能模块，点击"＋"按钮添加银行卡，选择用户的银行卡发卡行和银行卡类型，然后点击"下一步"按钮。在下一步的页面，首先阅读两份协议是有必要的：《××银行快捷支付业务线上服务协议》和《支付宝快捷支付服务协议》，这样有助于对支付宝及支付宝快捷支付有一个更好的了解。看完协议之后，需要用户填写真实的个人资料、银行卡卡号和银行预留手机号码，填入获取的校验码后，填入校验码对话框。此处操作是在进行手机号码与银行预留手机号码是否一致的验证，如果预留手机验证不成功，将收不到验证信息，需要重新去银行办理预留手机号码，然后点击"同意协议并确定"按钮（如图38所示）。

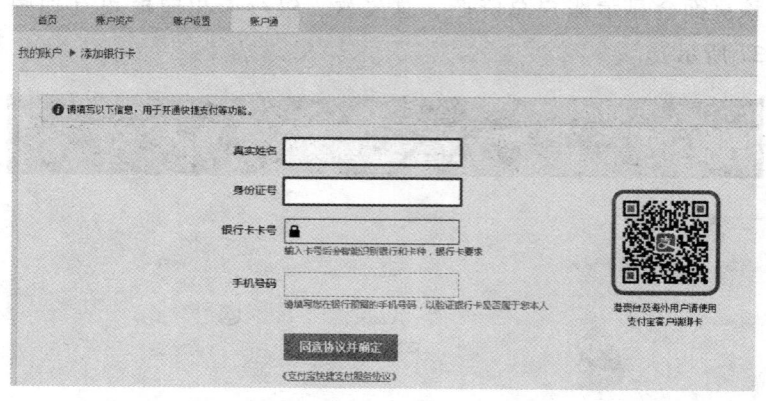

图38 支付宝"添加银行卡"快捷支付功能界面

（4）点击"同意协议并确定"按钮后，手机校验界面会自动弹出。用户将免费获取的校验码填入校验码对话框中并点击"确认"按钮(如图39所示)。如果预留手机号码不正确,将无法收到校验码,用户须去银行重新办理预留手机号码变更。

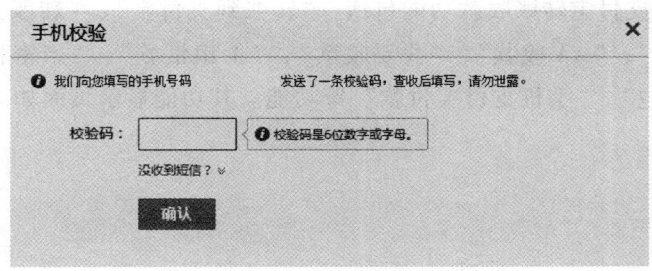

图39　支付宝手机校验界面

(5)用户支付宝快捷支付添加成功后,系统会弹出"银行卡添加成功"提示对话框(如图40所示)。

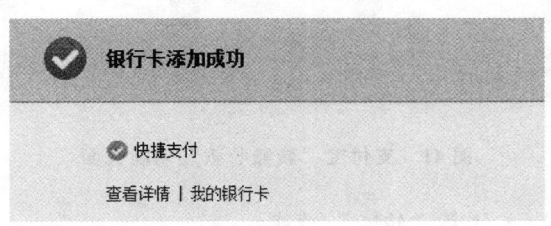

图40　支付宝添加银行卡成功提示对话框

提示以下两点:第一,用户预留手机号码必须和支付宝绑定的手机号码一致;第二,用户开通了快捷支付以后,手机校验码不要告诉任何人,支付密码也要保密,才能更好的保障所有资金安全。

七、支付宝转账收款

支付宝转账收款功能包括:"转账到支付宝"、"转账到银行卡"、"AA 收款"、"我要收款"、"上银汇款"、"亲密付"、"红包"、"手机支付宝付款"等功能。其功能显示页面如图 41 所示。

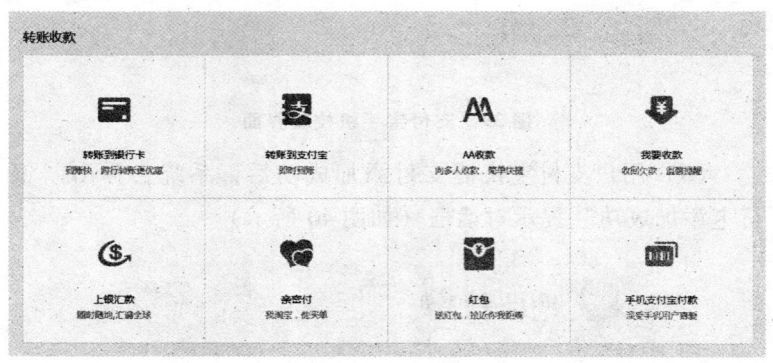

图 41　支付宝"转账收款"功能页面

（一）支付宝"转账"功能

1. 用户在支付宝首页输入支付宝账号和密码后，进入"我的支付宝"页面，点击"转账"按钮后，进入转账页面（如图 42 所示）。

上篇 支付宝与余额宝业务及其使用 37

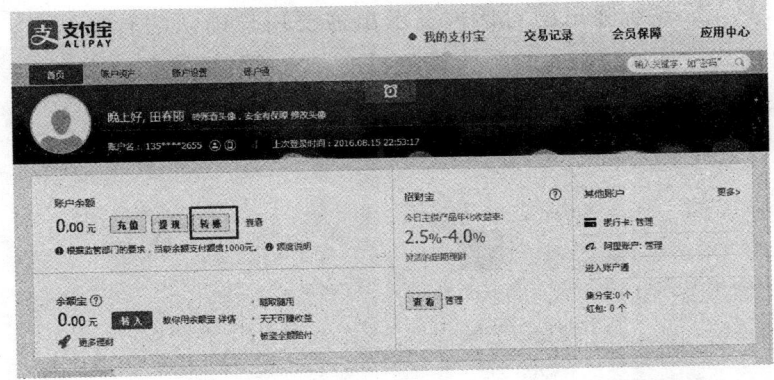

图42 支付宝"我的支付宝"页面转账功能按钮位置

2. 进入"转账"页面后，页面上会显示"转账到支付宝"和"转账到银行卡"两个选项框。用户若选择"转账到支付宝"选项框，须在进入的新页面输入收款人、付款金额、付款说明，并点击"下一步"按钮（如图43所示）。

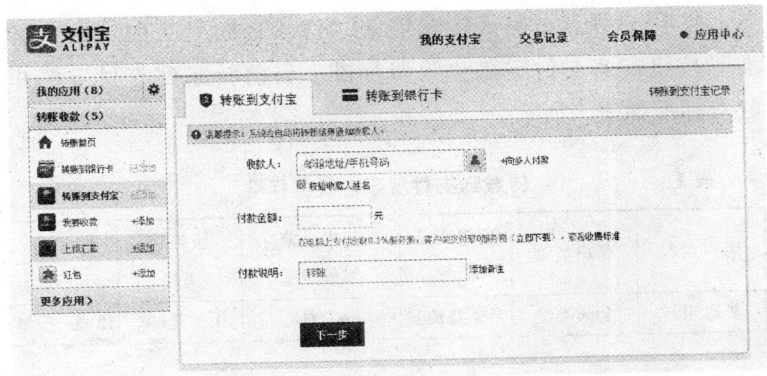

图43 "转账到支付宝"转账收款信息输入界面

3. 系统弹出的对话框显示出需要用户确认的转账信息，确认"选择付款终端"无误后提交，完成转账操作（如图44所示）。

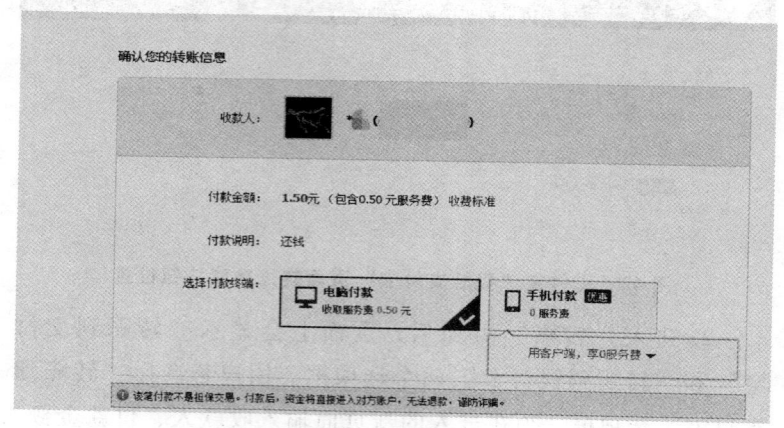

图44 支付宝"转账到支付宝""选择付款终端"界面

4. 用户可点击确认转账信息"付款金额"后的"收费标准"按钮查询支付宝账户收费标准。目前转账到支付宝账户收费标准如表1所示。

表1　　　　　转账到支付宝账户收费标准

用户类型	账户类型	免费交易流量	超出金额服务费率	服务费下限	服务费上限
普通用户	全部类型	无免费流量	0.1%	0.5元/笔	10.00元/笔

续表

用户类型	账户类型	免费交易流量	超出金额服务费率	服务费下限	服务费上限
淘宝卖家和支付宝有效签约商家	实名认证用户	20000 元/月	0.5%	1.00 元/笔	25.00 元/笔
	非实名认证用户	1000 元/月	0.5%	1.00 元/笔	25.00 元/笔

注：(1) 淘宝卖家在店铺开通2天后，开始按淘宝卖家标准收费；

(2) 签约过"站内大额收付款"产品的商家，按签约费率计费。

转账到他人支付宝账户每月有2万元免费额度，超出免费额度部分每笔按0.5%收取；1元起收，25元封顶。

5. 若用户选择"转账到银行卡"选项框，转账成功到账的前提是银行卡状态正常。如果银行卡处于挂失、冻结、注销状态下，交易可以提交成功，但最终转账到账会失败。到账的银行卡不支持存折、信用卡、公司银行账户。即目前支付宝直接转账给银行卡的只有状态正常的个人银行储蓄卡。支付宝转账到银行卡的收费标准及到账时间如表2所示。

表2　支付宝转账到银行卡收费标准及到账时间

到账时间类别	服务时间	到账时间	服务费率	服务费下限	服务费上限
实时到账			0.20%	2.00 元/笔	25.00 元/笔
2小时到账		2小时内到账	0.20%	2.00 元/笔	25.00 元/笔
次日到账	0:00—23:59	次日24点前到账	0.15%	2.00 元/笔	25.00 元/笔

(二) 支付宝"我要收款"

1. 进入"我要收款"页面，点击"立即使用"按钮进入相关操作界面（如图 45 所示）。

图 45 支付宝"我要收款"操作界面

2. 在弹出的"我要收款"对话框中，填写对方支付宝账户、收款金额、收款说明及校验码等重要信息，点击"提交信息"按钮进行提交（如图 46 所示）。

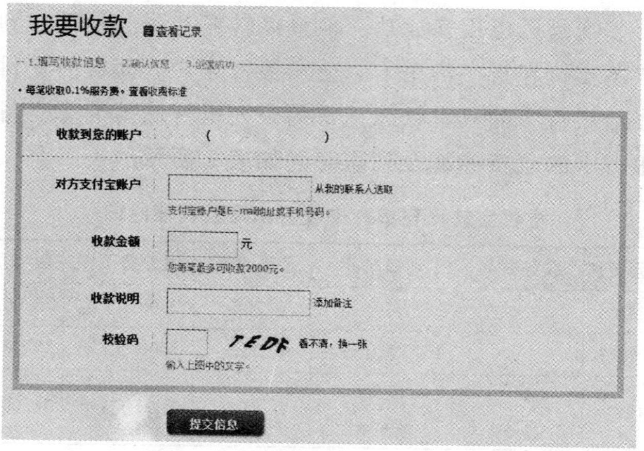

图 46 支付宝"我要收款"填写收款信息对话框

3. 用户在进入"我要收款"的确认信息界面后,系统会显示需要用户确认的收款信息。如用户确认信息无误,则点击"确认信息并创建收款"按钮进入下一步。如果信息输入有误,用户可以点击"返回修改"按钮进行调整(如图47所示)。

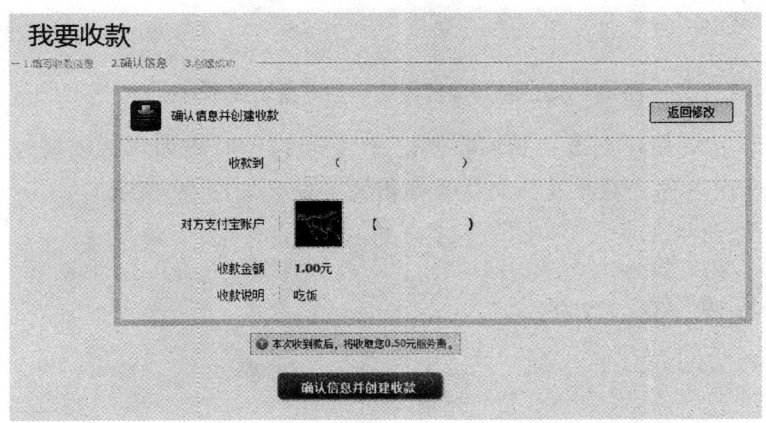

图47 支付宝"我要收款""确认信息并创建收款"界面

4. 点击"确认信息并创建收款"按钮后,系统会显示创建成功后的用户名及"收款请求创建成功"字样,用户即可耐心等待收款入账(如图48所示)。

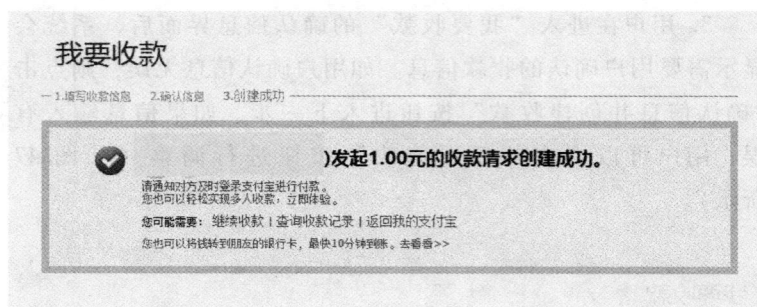

图 48　支付宝"我要收款"创建成功提示对话框

5. 用户点击"查询收款记录",可以随时查询收款创建时间、名称、对方及其交易号等相关信息(如图 49 所示)。

图 49　支付宝"查询收款记录"页面

(三)"上银汇款"功能

1. 用户需要使用网上银行功能进行汇款时,可以通过"转账收款"页面,点击如图 50 所示图标进入"上银汇款",进行该项业务操作。

2. 使用该项业务,用户须绑定一张储蓄卡用于身份认证(如果已绑定,此步可省略),点击"立即绑卡"进行相关操作。在弹出的用户信息界面上进行银行卡信息填写,并点击

图50 支付宝"上银汇款"页面

"同意协议并确定"按钮进行提交(如图38所示),并进行校验码验证。银行卡绑定操作成功后,系统会弹出"银行卡添加成功"对话框。

3. 用户填写"上银汇款"信息后,须勾选"同意《上银汇款服务协议》",并点击"下一步",完成整个汇款操作(如图51所示)。

(四)"红包"功能

1. 若用户有"红包"业务,则通过"转账收款"页面,点击进入"红包"操作界面。界面上会显示"我的红包"、"领红包"、"发红包"等操作模块供用户选择使用(如图52所示)。

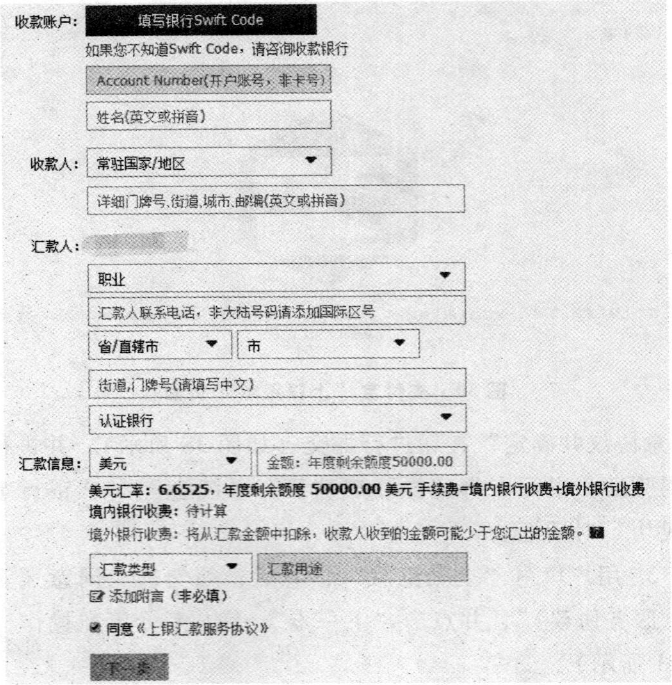

图51 支付宝"上银汇款"信息填写界面

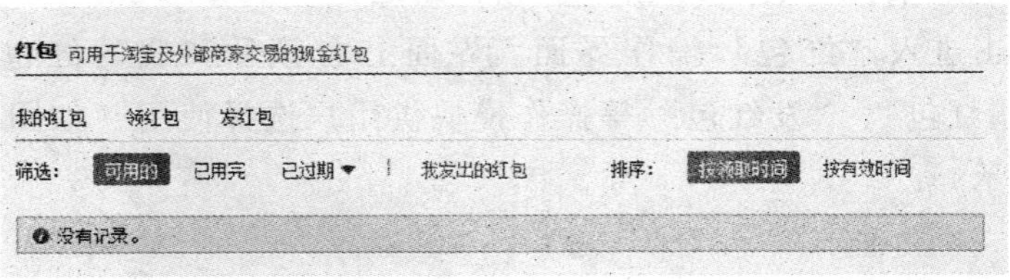

图52 支付宝"红包"操作界面

2. 用户点击"领红包"按钮并进入领红包操作界面,输入银行卡号和密码,点击"确认领取",领取红包操作完成(如图53所示)。

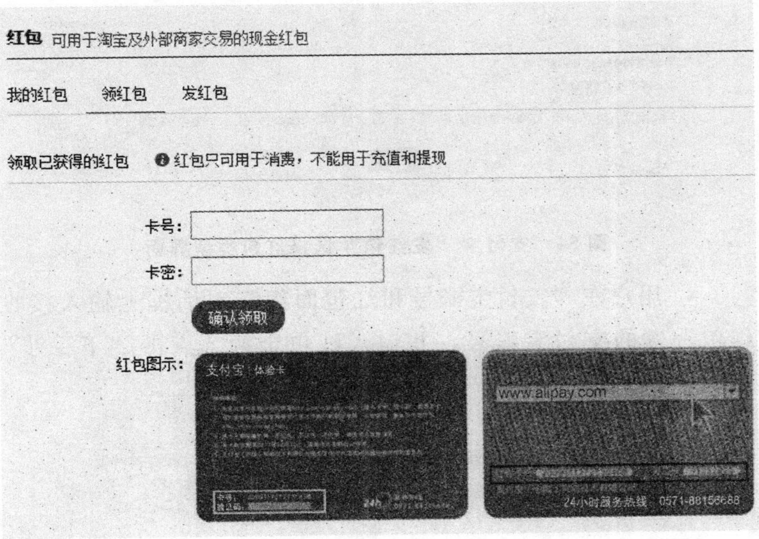

图53 支付宝"领红包"操作界面

3. 若用户需要给亲朋好友发放一定数额的红包,可点击"发红包"按钮并进入相关操作界面,选择要发放的红包类型,并点击"下一步"按钮(如图54所示)。

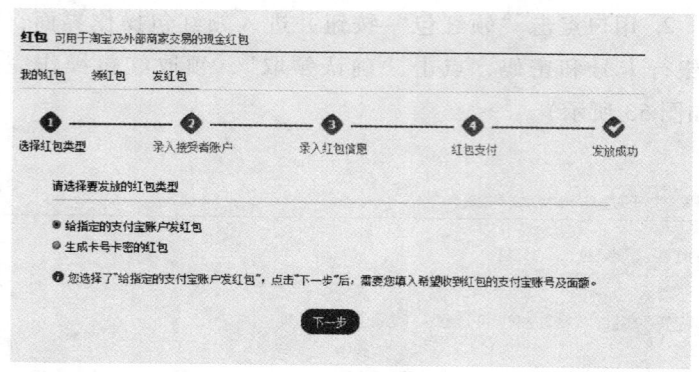

图 54　支付宝"发红包"选择红包类型界面

4. 用户在"支付宝账号和红包面额"对话框上输入接收红包一方的支付宝账号，并输入红包金额，点击"下一步"按钮（如图 55 所示）。

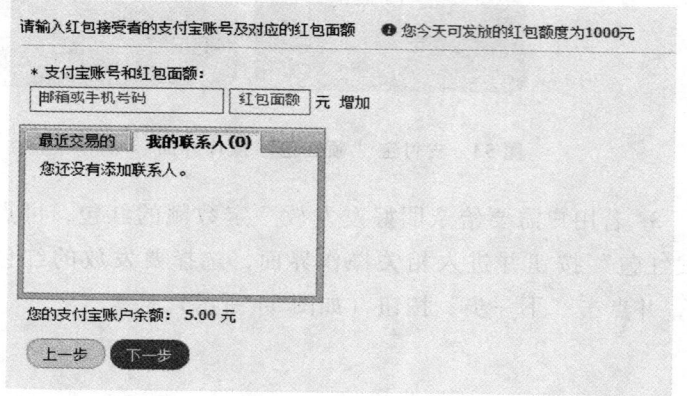

图 55　支付宝"发红包""支付宝账号和红包面额"输入界面

5. 用户在弹出的"请输入发放红包的详细信息"对话框中,选择红包详细信息,点击"下一步"按钮(如图56所示)。

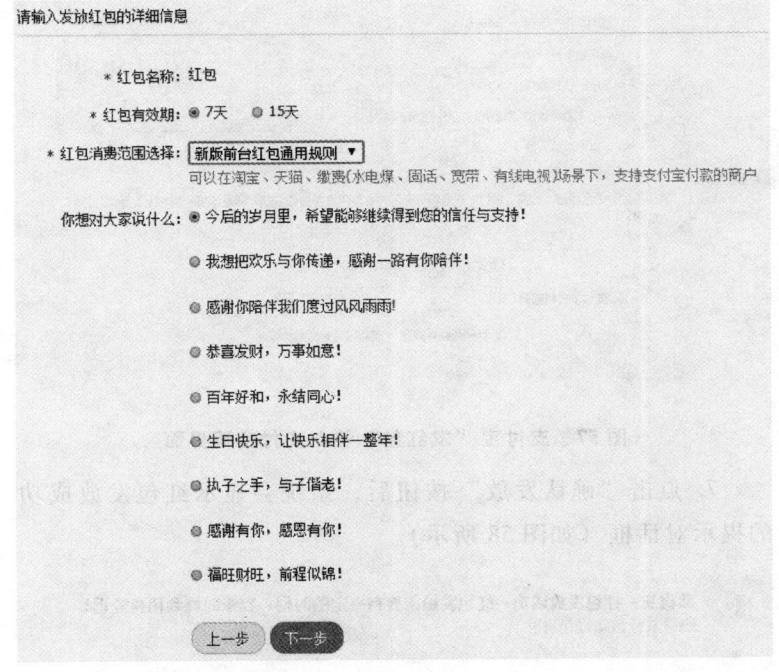

图56 支付宝"发红包"详细信息输入界面

6. 点击"下一步"后,系统会弹出"请核对配置信息"对话框。用户输入支付宝支付密码,并勾选"我已阅读并同意《支付宝红包发放协议》"后,点击"确认发放"按钮

支付宝　网银　微信支付

（如图 57 所示）。

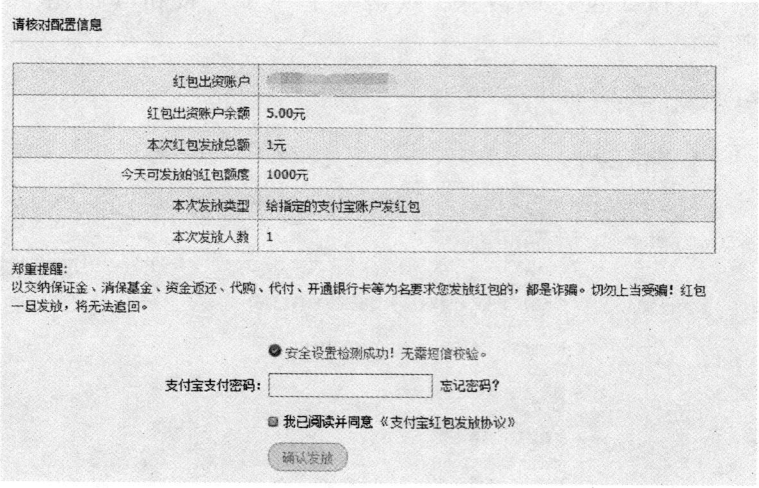

图 57　支付宝"发红包"输入支付密码界面

7. 点击"确认发放"按钮后，系统会显示红包发放成功的提示对话框（如图 58 所示）。

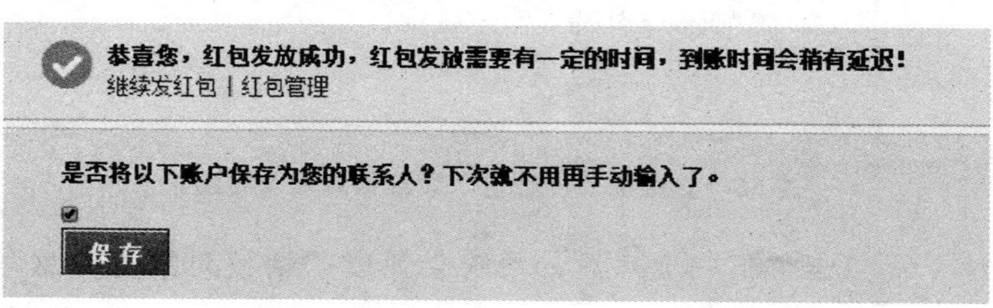

图 58　支付宝红包发放成功提示对话框

八、支付宝缴费功能

支付宝缴费是一种很便捷的结算基本的生活费用的方法。目前大多数水费、电费、煤气费、电话费,交通违章罚款缴费、有线电视缴费、手机充值、信用卡还款、物业缴费、加油卡充值、医院挂号等都可以用支付宝进行缴费。

(一)用支付宝缴纳水费、电费、煤气费

1. 用户若有水费、电费、煤气费结算问题,可登录支付宝页面,进入应用中心"生活服务"项目中的"生活便民"模块,点击"水电煤缴费"模块(如图59所示)。

图59 支付宝"生活便民"模块界面

2. 成功进入"水电煤缴费"页面后,选择所在城市和缴费项目(如图60所示)。

支付宝　网银　微信支付

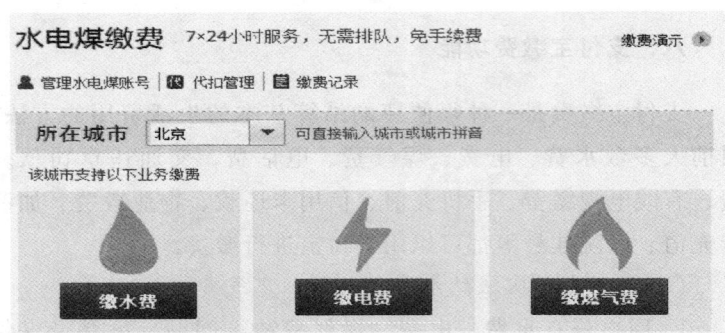

图60　支付宝"水电煤缴费"选择所在城市及缴费项目页面

3. 用户输入客户编号和缴费金额信息，并在"我已阅读并同意《支付宝自动缴费服务协议》"前面复选框内"划勾"后，点击"查询"按钮（如图61所示）。

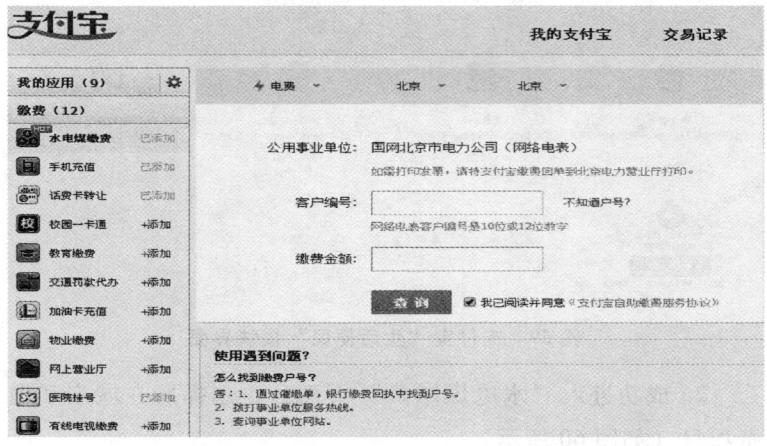

图61　支付宝"水电煤缴费"输入客户编号和缴费金额界面

4. 核对系统弹出的缴费信息无误后，点击"去缴费"按钮，完成缴费。如果发现信息有误，点击"返回修改"按钮（如图62所示）。

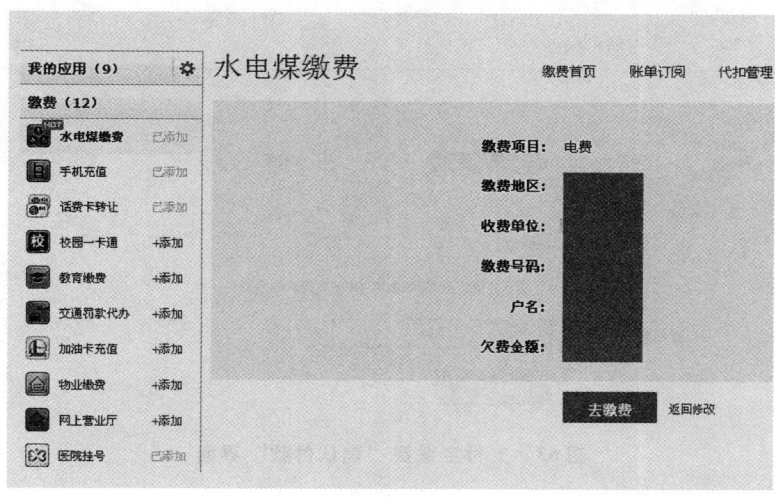

图62　支付宝"水电煤缴费"信息核对界面

5. 缴费操作需要输入支付宝支付密码并点击"确认付款"按钮。缴费成功后，系统会自动弹出缴费成功提示对话框，该对话框还可以查看缴费明细信息（如图63所示）。

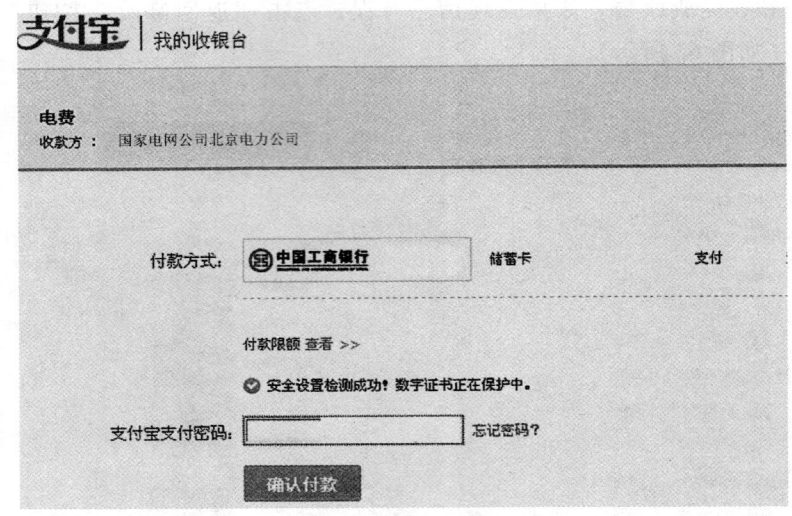

图63 支付宝缴费"确认付款"界面

(二)支付宝缴纳交通罚款

1. 若用户需要缴纳罚款,则登录支付宝页面后,进入应用中心"生活服务"项目(如图59所示),点击"交通违章"模块。

2. 用户点击进入"交通违章"模块后,选择"违章区域",可以进行"违章查询"和"违章办理"相关操作(如图64所示)。

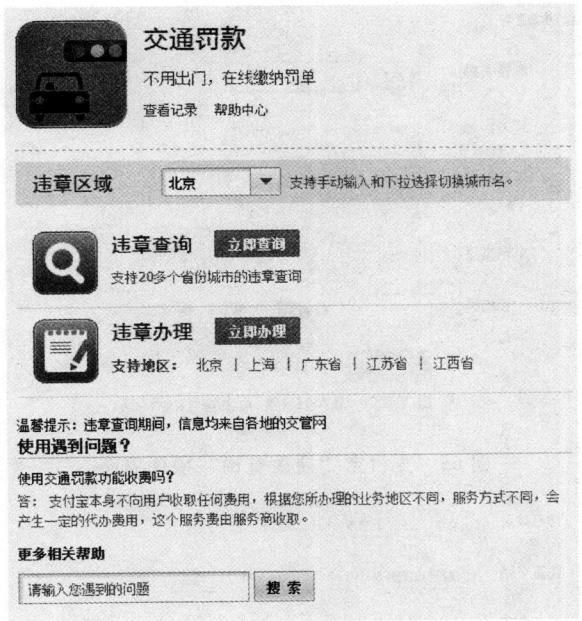

图 64 支付宝"交通违章"模块功能界面

3. 若用户点击"违章查询",填写车牌号码、违章区域、发动机号、车辆类型和校验码,点击"查询"按钮完成查询(如图 65 所示)。

4. 用户点击"违章办理"功能模块,在弹出的对话框中(如图 66 所示),选择违章内容,填写处罚单号、违章日期等,而后点击"下一步"按钮。

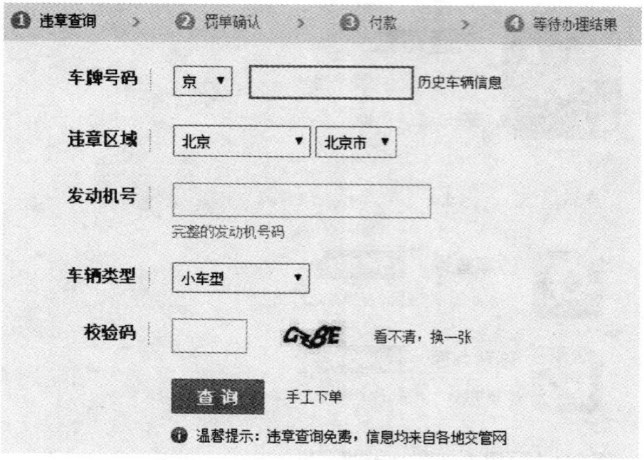

54 支付宝 网银 微信支付

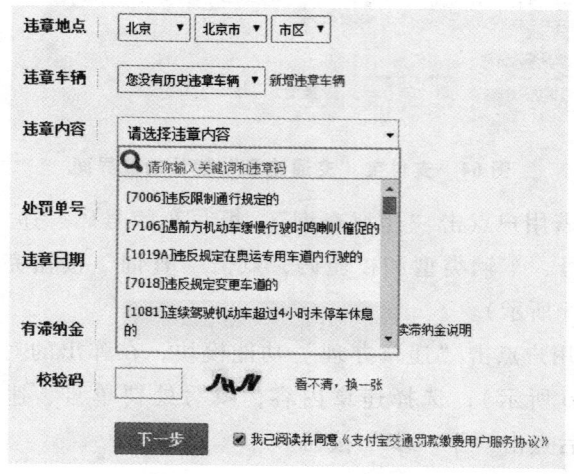

图65 支付宝"违章查询"操作界面

图66 "违章办理"对话框

5. 用户点击"下一步"后,进行罚单确认并付款,完成交通违章罚款缴费过程。其他缴费方法大体相同,这里就不再重复介绍。

(三) 信用卡还款

2009年1月15日起,支付宝推出了信用卡还款服务。目前,已有39家国内银行发行的信用卡支持在支付宝平台还款,并且该平台已成为最受欢迎的信用卡第三方还款平台。该平台主要优点是提供了免费查询信用卡账单、免费还款、自动还款和还款提醒等多种方便的服务功能。

1. 用户须以支付宝偿还信用卡欠款时,登录支付宝页面后,进入应用中心"生活服务"项目中的"生活便民"模块(如图59所示),点击"信用卡还款"按钮并进入相关界面。

2. 用户在系统弹出的相关界面上(如图67所示),选择发卡银行,填写信用卡卡号、持卡人姓名和还款金额,而后点击"提交还款申请"按钮,系统会显示该信用卡当期账单。

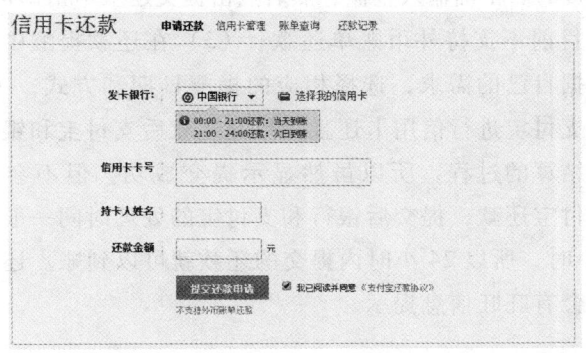

图67 支付宝信用卡还款"提交还款申请"界面

3. 用户在接下来系统弹出的界面中（如图68所示），输入支付宝支付密码，并点击"确认付款"按钮。

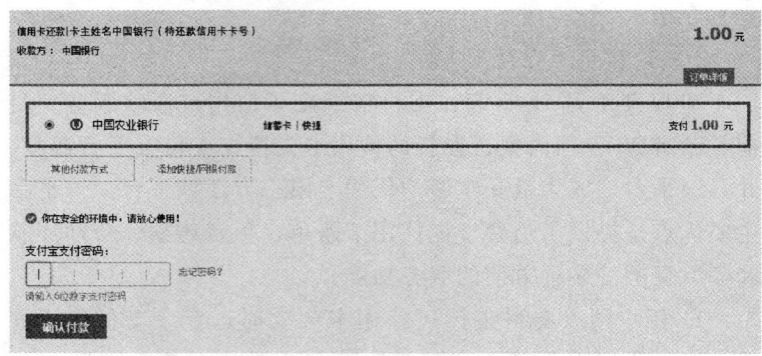

图68 支付宝信用卡还款"确认付款"界面

若付款成功，系统会自动弹出付款成功页面（如图69所示）。需要提示的是，（1）如果用户是为他人还款，还可以选择箭头指向的为他人还款。在付款方式中，用户可以看到手机端是免费的。正确输入金额，然后点击提交还款申请即可；（2）支付宝目前不支持外币账单还款；（3）在还款提醒中，用户可以根据自己的需求，选择相应的提醒日期和方式；（4）由于通过支付宝进行信用卡还款，提交还款后支付宝和银行之间有一个结算的过程，所以虽然显示提交成功，但不会立即到账。支付宝还款，提交后银行和支付宝的处理时间一般不会超过24小时，所以24小时内提交的还款就可以到账。还款成功后一般会有旺旺信息提示。

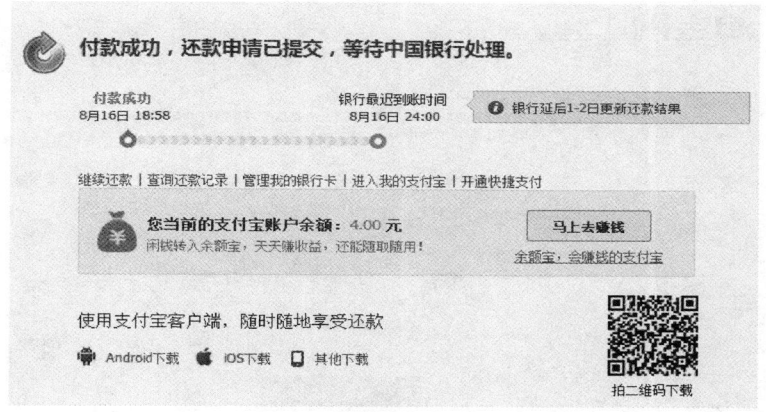

图69　还款申请付款成功页面

（四）淘票票

淘票票由阿里影业推出，原名淘宝电影。后阿里影业旗下淘宝电影在北京对外宣布淘宝电影正式更名为淘票票。此次更名，表明淘宝电影的战略方向有了重大升级，业务范畴由电影扩展至演出、体育等泛娱乐业，自身定位由线上售票平台转变为具备线上线下双向宣发能力的营销平台。未来，淘票票将向泛娱乐业开放包括线上售票、精准营销、用户互动等能力，围绕票务积极拓展更多的应用场景，帮助合作伙伴开展线上线下结合的整合营销，为消费者提供更便捷的服务。

1. 第一次登录淘票票的用户，需要先进行该项业务激活操作。用户须设置"会员名"并进行激活操作。而后点击"确认激活"按钮（如图70所示）完成激活。

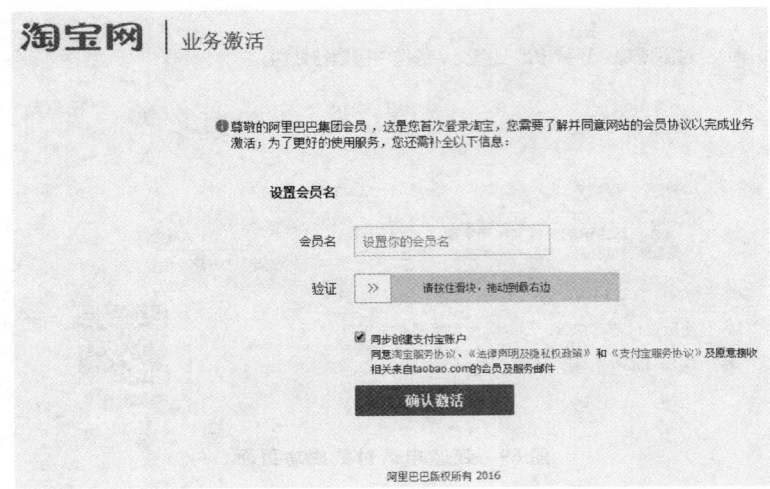

图70　淘票票用户激活页面

2. 接下来，用户需通过手机获取校验码并输入相关输入框内，而后点击"确定"按钮（如图71所示）。

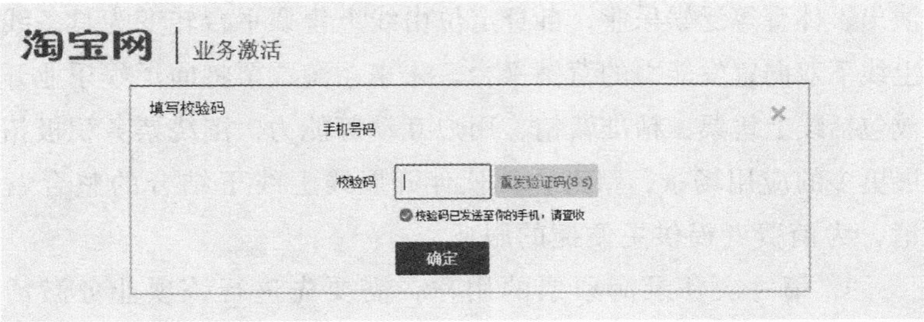

图71　淘票票业务激活校验码验证页面

3. 成功激活后,用户以会员名登录淘票票网页,即可开始订票(如图72所示)。

图72　淘票票网页

4. 用户选中所看电影名称,选择区域、选择影城和放映时间,点击"选座购票"按钮进行选座操作(如图73所示)。

图 73　淘票票 "选座购票" 页面

　　5. 接下来是选好座位，填好手机号码信息，点击 "确认信息，下单" 按钮（如图 74 所示）。

　　6. 在系统弹出的确认订单信息并核对无误后，点击 "确认订单，立即支付" 按钮进行付款操作（如图 75 所示）。

上篇 支付宝与余额宝业务及其使用 61

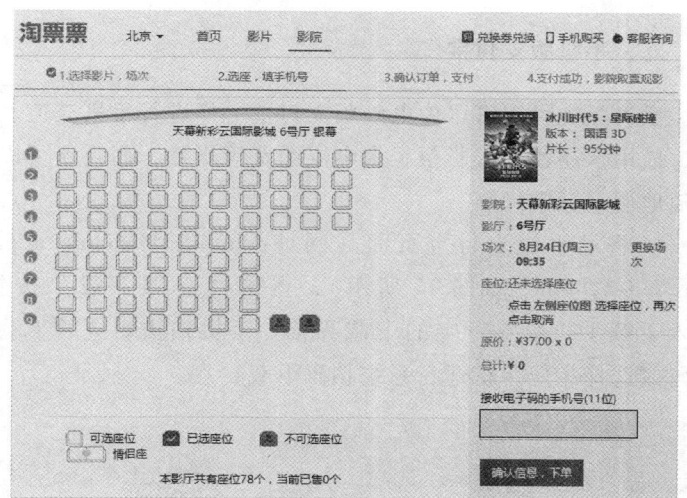

图 74 淘票票订票"确认信息，下单"页面

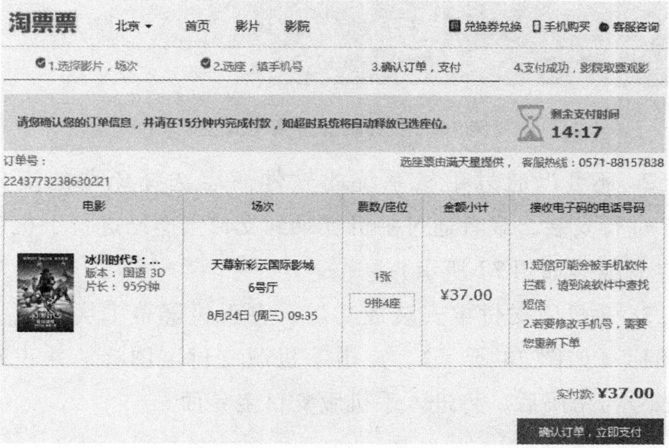

图 75 淘票票订票"确认订单，立即支付"页面

九、手机版支付宝

手机版支付宝可以像电脑版支付宝一样进行手机充值、转账、信用卡还款、买彩票、水电煤缴费等操作，而且还可以随时随地用余额宝理财。

1. 登录手机支付宝页面（网址：https：//mobile.alipay.com/index；htm，如图76所示），点击"立即下载"按钮，进入下载手机版支付宝的下载界面。手机扫描相应的下载二维码或选择相应手机运行系统扫码下载。

图76　手机版支付宝个人主页

2. 还可以通过手机系统的软件商店选择免费的支付宝APP进行安装，或者通过手机登录到支付宝网站进行手机版支付宝下载（如图77所示）。

3. 手机版支付宝安装成功后，在手机屏幕上会出现支付宝图标（如图78所示）。点击手机版支付宝图标，并正确输入账号与密码后，将进入手机版支付宝界面。

图 77　支付宝手机用户端下载界面　　图 78　手机版支付宝 APP 图标

4. 手机支付宝操作界面由"生活"、"口碑"、"朋友"和"我的"四个部分组成（如图 79 所示）。其中，"生活"模块由转账、手机充值、信用卡还款、蚂蚁聚宝、淘票票、游戏中心、滴滴出行、全部等功能模块组成。"口碑"主要是反映所在城市活动，主要以美食为主。"朋友"包括消息中心、服务窗、支付助手和手机联系人等。"我的"中主要包括各项理财功能。

支付宝　网银　微信支付

图79　手机版支付宝操作界面功能模块

5. 用户若需用手机版支付宝购买股票，则在登录支付宝页面后，选择"我的"操作界面（如图80所示），点击"股票"按钮，进入相关操作界面。

支付宝的股票"行情"界面（如图81所示），可以关联中信建投、方正证券、长城证券、中原证券、东莞证券、恒泰证券、山西证券、万联证券、天风证券、中山证券、五矿证券等十几家券商。需要提示的是，支付宝是不可以买卖股票。买卖股票必须要通过证券公司才可以，支付宝只是起到了支付手段的功能。

上篇 支付宝与余额宝业务及其使用 65

图80 支付宝"我的"操作界面

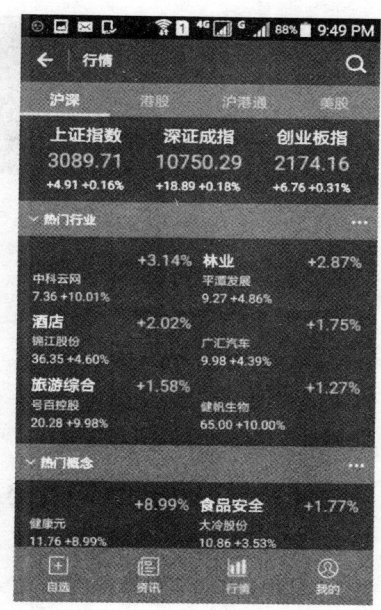

图81 支付宝股票行情界面

6. 若用户选用手机版支付宝进行水电煤气费用缴纳,则打开支付宝,选择并点击"生活缴费"功能按钮,进入"生活缴费"界面(如图82所示)。

支付宝　网银　微信支付

图82　支付宝"生活缴费"图标

　　进入具体缴费项目界面之后，用户输入用于缴费的账号，然后个人信息会自动显示出来。用户在核对缴费信息无误后，输入缴费金额，并选择付款方式（如图83所示）。

图83　支付宝"生活缴费"输入缴费金额界面

用户在核对"生活缴费"项目、付款方式及其需付款金额信息后,点击"确认付款"按钮(如图84所示),输入支付密码,完成缴费。

图84　支付宝"生活缴费"确认付款界面

用户还可以同时设置多个水电费卡号,并都添加进去备注好。用户还可以设置提醒,以免忘记该笔费用是否交过(如图85所示)。

若用户想开通自动缴费项目,则在缴费页面的最下方可以看到"自动缴费管理"的字样,点击开通自动缴费。核对缴费户号和缴费地址,然后点击"立即开通"按钮(如图86所示)。

支付宝　网银　微信支付

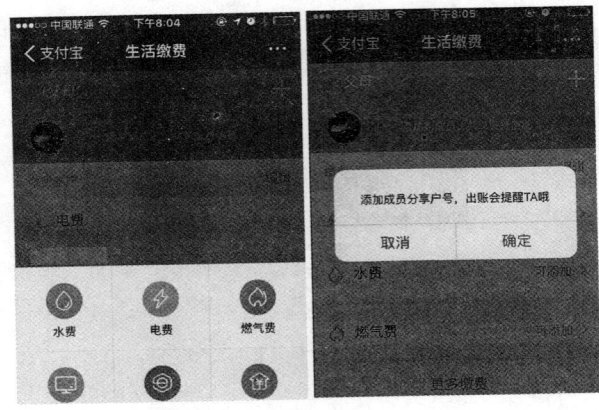

图85　支付宝"生活缴费"添加成员共享缴费信息界面

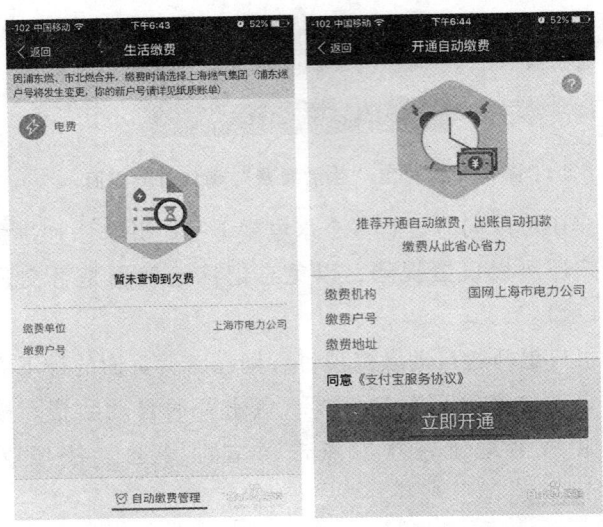

图86　支付宝"生活缴费"自动缴费功能开通界面

在身份验证界面需要输入支付密码后点击"下一步"按钮,系统会显示自动缴费办理成功信息(如图87、图88所示)。

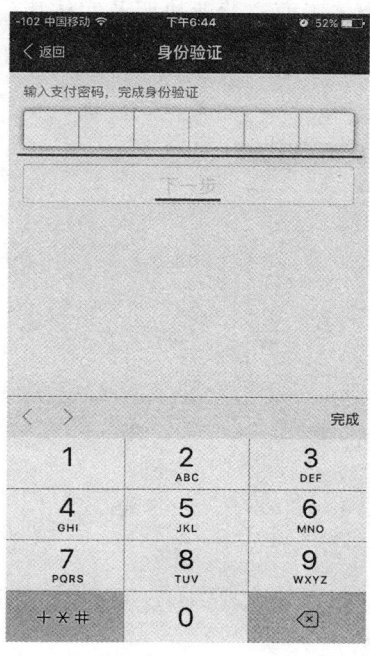

图 87 支付宝身份验证界面

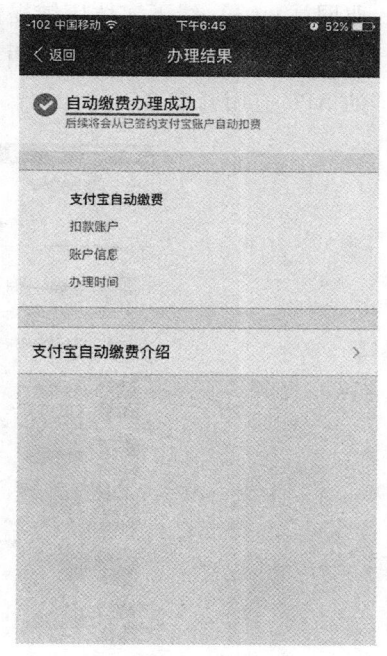

图 88 支付宝自动缴费办理成功提示信息

7. 入驻商户通过添加服务窗,可以对用户进行信息推送、交易场景打通和会员服务管理(如图89所示)。支付宝服务窗拥有庞大的消费者群体,在每个支付宝账户的背后,有着信用卡、银行卡、余额宝、余额、消费者的线上消费习惯等，提供优质的商品和服务。个人账号入驻需要提供以下资质证明之一：（1）淘宝店、1688同名店铺链接；（2）有备案一致的商业网站；（3）线下实体店铺提供个体工商户营业执照及实体店照片三张（招牌、门牌号、内景）；（4）已经在应用市场上架的APP应用开发者。

图89　支付宝添加服务窗功能

入驻支付宝服务窗需要注册企业或个人的支付宝账号，且支付宝账号要进行实名认证。

支付宝服务窗设置就是后台可以给服务窗配置一级和两级菜单,用户可以在服务窗的首页底部看到这些菜单。具体规则如下:(1)新开通的服务窗没有默认配置的菜单;(2)最多可添加4个主菜单。如开通对话功能,则最多只能添加3个主菜单;(3)对话功能首次设置菜单时,是默认打开的,用户可以取消或再开启;(4)无子菜单时,主菜单可以设置对应的功能;有子菜单时,主菜单无功能,仅能够展开显示子菜单项功能;(5)每个主菜单最多可添加1~5个子菜单;(6)主菜单的名字最多支持4个汉字,子菜单的名字最多支持12个汉字;(7)菜单支持跳转到指定网址,拨打手机号码,发送一条图文广播,在地图中显示用户的门店,转账给用户,显示用户与用户的支付宝消费记录。如果用户具有开发能力,还能调用用户提供的订制服务,或实现对用户系统的自动登录等。菜单发布后,不可取消,只能再编辑。如不清楚,具体可以咨询支付宝服务窗第三方授权商进行指导操作。具体操作如下:

(1)在自定义菜单的对话功能中选择打开,用户能给服务窗发消息,用户可以在用户消息功能中查看或回复。取消打开,关闭对话功能,用户将不能发送消息。将鼠标移到各菜单,可以对菜单进行菜单名修改或删除该菜单的操作。

(2)单击某菜单名,可以编辑该菜单名,写好菜单名后按 Enter 键,设置其菜单类型和菜单效果。若菜单名旁边出现蓝色点,意味着这个菜单栏没有设置效果,将导致不能发布菜单。

(3) 点击排序，可以拖动主菜单或子菜单，对其重新排序，点击完成排序后，保存调序后的菜单顺序。

(4) 编辑完成后，点击发布。发布成功后，用户可以即时在支付宝钱包的服务窗中看到对应的菜单改动。用户也可以使用手机支付宝钱包扫描二维码，关注自己的服务窗，体验展示效果。

支付宝服务窗推广有服务推荐和支付成功推荐。服务推荐是邀请曾经通过支付宝向用户支付过的其他用户，添加用户的服务窗。通过此功能邀请的其他用户在符合推荐模型规则时将会在支付宝钱包的服务推荐模块中看到用户的服务窗。在支付宝钱包的服务中添加相关服务账号，就能在钱包内获得更多服务。包括银行服务、缴费服务、保险理财、手机通讯服务、交通旅行、零售百货、医疗健康、休闲娱乐、美食吃喝等10余个类目。支付宝服务窗O2O优势在于把线上和线下的优势完美结合。通过网购导购机，把互联网与地面店完美对接，实现互联网落地。让消费者在享受线上优惠价格的同时，又可享受线下贴身的服务。同时，O2O模式还可实现不同商家的联盟。O2O模式可以对商家的营销效果进行直观的统计和追踪评估，规避了传统营销模式的推广效果不可预测性，O2O将线上订单和线下消费结合，所有的消费行为均可以准确统计，进而吸引更多的商家进来，为消费者提供更多优质的产品和服务。

十、余额宝理财

余额宝的诞生改变了很多人的理财方式,因为余额宝有回报高、转出方便、可以网上购物付款等特点,所以非常受欢迎。余额宝理财从一定程度上颠覆了以往人们的理财观念,特别是让传统银行真正感受到互联网企业在开展互联网金融后的巨大冲击力。2013 年余额宝购买的是货币基金。货币基金是所有基金产品中风险较低的产品,一般投资于国债、银行存款等安全性高、收益稳定的金融工具,收益率大概在 3%~4% 之间,而活期存款的年收益只有 0.3% 左右。可见余额宝的收益远远高于活期存款的收益。

目前,使用支付宝钱包的手机端同时又使用余额宝的用户占全部支付宝钱包手机端用户的 80% 以上,慢慢发现每日打开手机端去看看每日的收益成果成为了该使用人群每日生活习惯的一个部分,一个习惯的动作。余额宝是由第三方支付平台支付宝打造的一项余额增值服务,用户可通过余额宝直接购买基金等理财产品,1 元钱就能起买,而且余额宝具有随时支付和使用、收益率高等优势,让用户无法抵御"随手一转"的诱惑。此前人们普遍认为平民老百姓不要想和不能想做理财投资,认为理财投资是有钱人才能做的事情,即使近年来券商和银行推出的理财产品门槛一步一步地降低,用来吸引更多客户和更多资金,但还是无法替代余额宝给大家带来的实惠。余额宝的天虹基金在网络上认购发售的门槛是人民币 1 元钱,且没有固定期限。而门槛低有钱赚的东西自然很多人都会抱着一个好奇的心态去了解、去发现，并导致很多人去做、去使用。余额宝虽然没有保本的承诺，但是风险极低。同时，余额宝作为享受同期1年以上定期存款利息的货币基金产品，具有活期存款一样的高流动性，又具有相对于活期存款的绝对高收益，购买和赎回方便以及天天看得到收益的好处，使得余额宝的规模越来越大。不过，相对于其他投资方式来说，余额宝的收益率并不是很高。操作余额宝的流程如下：

1. 若用户需要将余额宝请转入资金理财，则在登录支付宝网站或通过手机版支付宝进行支付宝登录后，进入余额宝页面。点击"转入"按钮后，进入转入页面（如图90所示）。

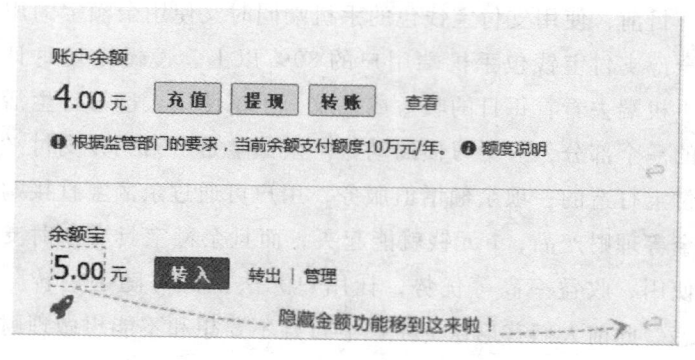

图90 余额宝页面

2. 在转入界面点击"单次转入"页面按钮，并将相关转账金额输入"转入金额"对话框，而后选择并点击"电脑转入"按钮（如图91所示）。

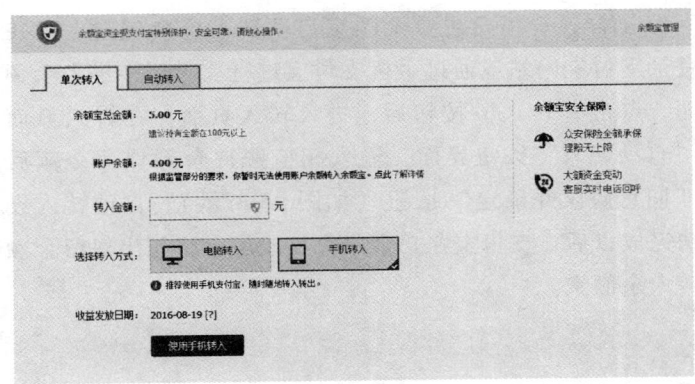

图 91　余额宝申请单次转入操作界面

3. 在"单次转入"界面选择并点击"电脑转入"按钮后，进入到支付页面，输入支付密码，点击"确认付款"按钮后，完成转入（如图 92 所示）。

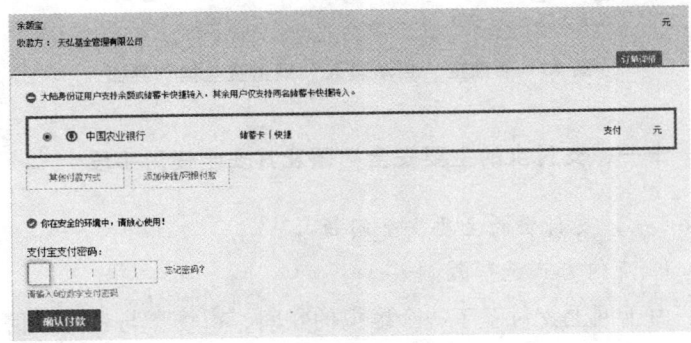

图 92　余额宝申请单次电脑转入支付界面

4. 同样，若用户想要余额宝自动转入资金理财，则在成功登录支付宝网站或通过手机支付宝进行登录后，进入余额宝界面。点击"转入"按钮后，进入转入页面。在转入界面点击"自动转入"按钮界面，输入相应账户余额保留金额后点击"同意协议并确定"按钮（如图93所示）。自动转入设置成功完成以后，支付宝账户余额每日凌晨会将超出保留金额部分转入余额宝。

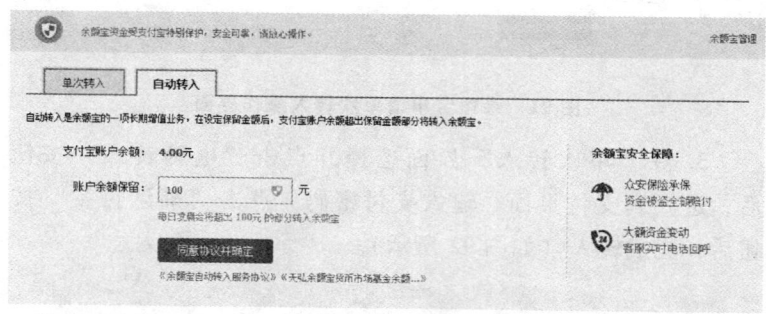

图93 余额宝"自动转入"理财资金操作界面

十一、支付宝的主要安全问题及其安全使用手段

（一）支付宝的主要安全问题

1. 支付方式选择漏洞

由于网上支付基于一个虚拟的空间，市场参与者的诚信度完全建立在虚拟信息的基础之上，因而支付安全和诚信问题显得至关重要。一方面，我国目前尚缺乏完整的信用信息披露机

制，并未形成非常有效的能够约束个人和企业信用行为、促使其自觉履行承诺的诚信机制；另一方面，社会诚信观念缺乏，欺诈现象时有发生。依照目前的交易流程设计，买方提交订单后向支付宝平台提交支付信息；支付宝平台获取买方支付信息并向相关银行或信用卡公司发送支付请求；银行或信用卡公司验证买方账户后通过支付宝平台将资金从银行账户转到支付宝账户；支付宝平台将转账信息传递给卖方并通知卖方发货；卖方发货后，买方收到满意商品并确认，支付宝平台才将资金转入卖方账户。整个交易过程虽然由于第三方支付机构的介入对买方和卖方的诚信行为进行了约束，但支付宝平台并没有强制要求用户一定按照这样的步骤进行交易。目前支付宝平台还保留着直接支付的结算通道。在提供方便快捷的同时，客观上某些不法商家仍有可能欺骗买家先确认付款，但最后又不发货，或者买家收到货物后点击退货，如果卖家的发货凭证丢失或者没有及时出示给第三方支付平台，商家就会损失了货物而得不到货款。由此，仍然给不法之徒提供了欺诈机会，从而形成了信用缺失的事实。

2. 非法套现操作

由于使用信用卡取现需要额外支付手续费和利息，现在有些人为了省去手续费和利息，通过使用支付宝网上虚假购物的方式，利用与支付宝挂钩的信用卡进行套现。从整个交易结算过程来看，支付宝客户使用信用卡支付后，再通过账户转移到借记卡，然后从银行取出现金，整个过程没有真实的货物交易，也无需缴纳额外的费用。具体讲，只要套现者拥有几张银行信用卡，再利用亲戚朋友的身份证件开个网上店铺，就可以运用信用卡的网上支付功能，通过自买自卖的方式轻松实现免费套现。当然，客户也可以申请支付平台后再"买卖"。许多专职中小商务网站的网关服务商申请门槛很低，就给了套现者可乘之机。套现者只要建立一个自己的网站，并申请到支付平台，就可以顺理成章地通过商品的虚假自买自卖轻松实现信用卡套现。事实上，套现者根本不需要直接进货发货，只需要用虚拟交易的形式以"买家"的身份买下一件件"商品"，并用透支信用卡支付。过段时间后，这笔钱就会通过支付平台划到卖家的银行卡上。由于这里的"卖家"和"买家"其实是同一个人，套现者信用卡上的透支钱款就在另一张卡上变成了富于流动性可随时用于提取的现款，毫无风险地实现了套现。而就目前来看，这种套现操作的成本是非常低的。同时银行对信用卡的控制也出现了"盲区"。利用支付宝进行信用卡套现，本质上属于虚假交易。为了杜绝此类现象的频频发生，目前银行大多会把信用卡单笔交易限额设定在500元左右。但由于交易规程的规定，目前对于支付宝套现现象，商业银行方面很难能够拿出有效的控制手段，而且由于支付宝网上交易量非常之大，如果交易结算抛开支付宝的话，银行现有的业务量会受到较大的冲击，利益流失马上就会体现出来。

3. 网络黑客攻击

网络黑客实际是非法入侵电脑系统者，网上黑客攻击对国家金融安全的潜在风险极大。目前,黑客行动几乎涉及了所有的操作系统,包括 UNIX 与 Windows. NET。因为许多网络系统都有着各种各样的安全漏洞,有些是操作系统本身的,有些是管理员配置错误引起的。黑客利用网上的任何漏洞和缺陷修改网页,非法进入主机,进入银行盗取和转移资金、窃取信息、发送假冒的电子邮件。黑客攻击还会使淘宝用户的注册信息丢失或外泄,使用户蒙受不应发生的经济损失。

4. 手机丢失后患

手机绑定的支付宝与余额宝给许多人带来了支付与理财的方便。但手机丢失后就带来了非常敏感的问题:支付宝会不会遭到盗用,余额宝理财产品会不会被人盗取。即使是手机不丢失,我们该怎样来保护自己的手机安全信息不外泄?现在我们周围的很多人,已经很少把银行卡带在身上,因为在很多就餐或买东西的地方,绑定支付宝的手机可以直接用来支付结算。可是,万一手机丢失或者被人偷取,而手机又绑定着支付宝,那么其安全风险肯定要受到关注。目前广泛使用的 iPhone 手机如果没有"越狱",相对会安全一些,可如果已经"越狱",或使用安卓等开源性操作系统的手机,则很容易被不法分子种植木马。一旦手机被植入了木马程序,手机上的各种数据和信息都可能被不法分子盗取利用,很有可能盗取支付宝和余额宝里面的钱财。大量的案例显示,不法分子植入木马的方法主要是,通过手机短信、即时聊天工具发送链接或文件等,只要用户点击或接受,木马便会悄悄植入手机。绑定了支付宝的手机，一旦手机丢失，拾到者只要知道手机机主的身份证号码和银行卡卡号，就可使用快捷支付功能，也就是通过机主预留在银行的手机号码，接收验证码，导致绑定在手机上的银行卡被盗用。

5. 法律盲区较多

由于目前我国法律的不完备，客观上并没有建立起有效的信用体制，第三方支付的安全并未得到很好的保证。目前，电子商务交易中出现纠纷的买卖双方往往各执一词，相关部门取证困难；同时，支付平台流程有漏洞，有些人很可能就会赖账，不讲信用。对支付宝平台的监管也是个大问题。尽管支付宝平台与银行签订了战略合作协议，但这些银行对支付宝账户上的资金是否"专款专用"并没有监督的权利和义务。这样就导致支付宝公司本身"类银行"的相关业务处于监管真空状态，这给使用支付宝的资金安全留下财务隐患。而依据2013年3月15日中国证监会《证券投资基金销售机构通过第三方电子商务平台开展业务管理暂行规定》，余额宝销售基金产品应具有代销资格。而按照余额宝公司自己的解释，余额宝是将基金公司的基金直销系统内置到了支付宝网站中，用户将资金转入余额宝的过程中，支付宝和基金公司通过系统的对接将一站式为用户完成基金开户、基金购买的过程。目前还有一个比较突出的问题是，类似于支付宝的第三方支付工具普遍提供了买卖双方现金交易的平台，这很可能会导致通过第三方支付工具进行洗钱的现象滋生。若第三方支付工具不需要实名制就可进行交易，洗钱会变得更加容易。如果相应的法律文件还不及时出台，第三方支付工具将有可能沦为不法分子的洗钱工具，为网络赌博等提供资金渠道。

(二) 使用支付宝的主要安全手段

1. 建立五级风险防控体系

支付宝五级风险防控体系的工作流程是：第一级，终端环境保护体系。当用户进行支付交易时，支付宝最先做出反应的便是在这一系统，支付宝与浏览器及反病毒厂商都建立了合作，对钓鱼网站进行智能识别、过滤；第二级，用户认证系统。用户需要上传真实的个人身份信息，在通过公安网等5个身份比对系统的验证和判断后，才能成为"支付宝实名认证账户"。此外，还包括实名管理、黑名单、客户尽职调查、客户风险分级、风险账户处理；第三级，隐私保护体系。支付宝的信息安全与隐私保护体系会对用户的信息进行敏感度分级，并对存储、访问、传输进行全程控制，保证敏感信息不会遭到恶意泄露；第四级，账户保护。安全产品包括数字证书，动态口令等。数字证书是对用户使用的电脑进行唯一的身份标识；动态口令则是向用户绑定的手机发送校验码，以此确定账户使用者的身份；第五级，交易保护。对用户的交易行为进行监控和识别，支付宝对用户行为数据进行分析并建立了风险模型，一旦发现实时交易存在风险，会立刻进行拦截，并向用户人工确认。

据有关报道，支付宝每笔交易都会经过系统判断能不能通过。这个风险的识别基于两个能力，一是大量用户行为数据的积累，形成风险交易判断的模型；二是安全技术设备有超强的计算能力，大量交易可在150毫秒内立即做出判断。支付宝目前还引入了平安财产保险承保，用户若出现资产损失给予保险赔偿。

2. 优化支付流程

对于交易双方引发的信用风险，可以引入物流部门，以改进第三方支付流程，增强交易的透明性和安全性。在卖方发货后，在物流部门处得到一个发货号，并将该发货号发送到支付平台；买方收到货物之后进行检查，如果满意则确认收货并进行付款确认。当买方觉得货物不满并要求退货时，需要由物流部门产生一个退货号，并把退货号发送到支付平台，支付平台通过物流部门的信息记录确认，如果真的发生了退货行为，则不对卖方进行转账支付。如果买方在一定期限内没有发送退货号到支付平台，平台将根据物流部门查询货物情况从而决定是否转账到卖方。可以看出，改进后的流程中，发货号和退货号已经成为是否进行支付的凭证。在交易的过程中，第三方支付平台需要收到卖方的发货号以及得到买家的确认才会进行转账支付，这不但防止了卖方对买方的欺诈行为，从另一个角度来说，还防止了交易双方没有进行真正的交易而套取信用卡现金的行为。另外，物流部门还可以向交易双方提供查询货物发送情况的服务，并从中收取手续费，增加利润。因为物流部门跟第三方支付平台合作才增加了更多的客户以及取得收入的渠道,所以它要向支付平台支付一定的费用,这就为第三方支付平台创造的一个新的收入来源。通过以上改进后,支付平台对买卖双方都保持较强的控制力,是否支付都有一定的依据,不会再因为一方的不诚信而造成另一方的损失,很好地规避了交易双方的欺诈行为,从而降低了第三方支付平台的信用风险。

3. 强化法律保护和安全使用意识

以支付宝为代表的互联网支付业务的迅速发展,导致了许多新的问题与矛盾,一方面,相关立法相对滞后;另一方面,互联网支付涉及的范围相当广泛,也给立法工作带来了一定的难度。支付宝近年来创新不断,在业界引起了连续不断的争议和议论,使得传统的金融机构和政府监管部门颇有些"应接不暇"之感。而客观上,针对目前支付宝等互联网支付活动中出现的问题,政府及监管部门应尽快建立相关的法律法规,规范互联网支付参与者的行为。特别是对互联网支付业务操作、电子资金划拨的风险责任进行规范,制定针对支付宝等互联网支付的犯罪案件管辖、仲裁等规则。对支付宝与余额宝等类似第三方支付平台与理财平台的安全保密必须有法律保障机制。对支付宝与余额宝的电脑犯罪、电脑泄密、窃取支付宝与余额宝商业和金融机密要有相应的法律制裁的规定和具体手段,逐步形成有法律许可、法律保障和法律约束的互联网金融业务环境。对突显的新型针对支付宝与余额宝犯罪要给予足够重视,通过快速立法来遏制此类犯罪滋生。当然,支付宝用户的安全使用意识建立也是非常重要的。特别是对于当前大量绑

支付宝　网银　微信支付

定了支付宝的手机用户来讲，手机淘汰前，一定要通过手机内置支付宝软件的"支付宝——我的——头像昵称框——设置——安全设置——安全中心——设备管理"菜单选项取消对旧手机的授权，否则别人拿到用户的旧手机，就能轻易登录用户的支付宝。而手机丢失后，iPhone 手机用户应第一时间登录自己的 Apple ID，锁定苹果手机，并抹掉手机上的所有数据和信息。使用安卓系统的手机机主，应第一时间到手机运营商补办手机卡，这样原手机卡就会立即自动注销，失去通信能力，快捷支付功能也就无法使用。此外，可拨打支付宝客服电话，申请冻结绑定支付宝账号。如果还不放心，可同时拨打银行卡发卡行的客服电话，要求挂失银行卡，也可凭有效证件到银行柜台直接挂失。

中篇
网上银行业务及其使用

网上银行是信息革命带给金融电子化领域的最新创意,网上银行是随着互联网的发展而出现的重要电子商务模式。

一、网上银行业务的发展历程

网上银行又称网络银行、在线银行,是指利用互联网技术,通过互联网向用户提供开户、销户、查询、对账、信贷、网上证券、投资理财等传统银行服务项目,使用户可以足不出户就能安全便捷地管理存款、支票及个人投资等,还可以为用户提供跨国的支付与清算等其他贸易、非贸易的银行业务服务。网上银行包含两个层次的含义:一个是机构概念,指通过信息网络开办业务的银行;一个是业务概念,指银行通过信息网络提供的金融服务,包括传统银行业务和因信息技术应用带来的新兴业务。在日常生活和工作中,我们提及网上银行,更多是第二层次的概念,即网上银行服务的概念。网上银行业务不仅仅是传统银行产品简单向网络的转移,其他服务方式和内涵发生了一定的变化，而且由于信息技术的应用，又产生了全新的业务品种。可以说，网上银行是在互联网上的虚拟银行柜台。

电子商务这种买卖双方并不见面的特殊交易方式决定了买卖双方都需要寻找一个可靠的信用中介，来完成交易的支付过程，网上银行便应用而生。无论是对于传统的交易，还是新型的电子商务，资金的支付和结算都是完成交易的重要环节。电子商务强调的是支付手段电子化，而银行作为电子化支付的终端结算者，起着连接交易双方的纽带作用。网上银行所提供的电子支付是电子商务中最关键的要素和层次。由此可见，网上银行在电子商务整体框架中是必不可少的重要组成部分，是开展电子商务的必要条件，也是电子商务成败的关键。

从世界范围看，开展网上银行业务的银行都是规模较大的、较成功的传统银行。美国和欧洲是网上银行发展最为迅速的国家和地区，其网上银行数量之和约占世界市场份额的90%以上。目前，国内部分银行如中国银行、招商银行、中国建设银行等多家银行依托自己的消费卡，在网上银行实现了部分业务，提供了解决电子商务瓶颈的平台，促进了中国电子商务的发展。网上银行业务不仅涵盖传统银行业务，而且突破了银行经营的行业界限，深入到证券、保险甚至是商业流通等领域。网上银行代表了未来银行业的发展方向，网上银行业务的迅速发展必将推动银行业新的变革。

自1995年10月美国成立第一家网上银行——安全第一网

络银行以来，网上银行业务在世界各国获得迅猛发展。到目前为止，全球能提供网上银行服务的银行、储蓄机构已达5000家以上。

中国网上银行的发展历程主要经历了四个阶段。

第一阶段是2000年以前，被称之为"银行网站"阶段。这一阶段银行网上服务单一，仅通过开通银行网站，提供账户查询等简单信息类服务，而且主要操作集中在单一账户上。网银更多地被作为银行的一个宣传窗口。

第二阶段是"银行上网"阶段，银行致力于将传统的柜面业务迁移到网上银行，增加了转账支付、缴费、网上支付、金融产品购买等交易类功能，这个阶段的主要特征是多账户的关联操作。

第三阶段是"网银高速发展"阶段，网上银行的最大转变是真正以用户为中心，因需而变。这一特征在银行新推出的网银产品中得到体现。新推出的网上银行产品可以让用户在办理付款业务时，像群发短信一样，同时完成向多个收款人支付款项的结算业务，从而大大提高工作效率，降低企业成本。

第四阶段是网上银行的"未来发展"阶段。届时，网上银行将成为银行的主渠道，传统银行将全面融入网上银行，甚至不再单独区分网上银行。中国目前还未出现完全依赖或主要依赖网络开展业务的纯虚拟银行。

电子商务的发展推动和促进了网上银行的发展，但网上银行在发展的同时也面临各种安全问题，而且网上银行对安全性

支付宝　网银　微信支付

的要求比网络机构更高。网上银行既面临着黑客和网络技术发展的考验和挑战，同时还面对着银行内部操作人员的操作性风险等多种风险。网上银行的安全问题是一个典型的人与机器关系问题，所有的各种安全保密功能都是由人设计和实现的，而破坏和干扰各种安全和保密功能的也是人。只有从技术、管理和法律三方面入手，并协调好技术、管理和法律三方面的关系，才能有效防范和化解风险。维护网上银行的安全性不完全在于技术，而在于使用网银的信心；只有当网银用户具有足够的信心，才能够真正在使用频率和支付金额方面具有较大的突破。总体而言，服务推广和用户教育应当是未来一段时间各银行最重要的工作。

　　目前中国网络银行存在的问题是安全性和易用性的博弈，网上银行越来越普及，人们在享受网上银行便利性的同时，对网上银行的安全性也感到担忧。网上银行在如今存在"锁"与"钥匙"的博弈。锁，就是银行设置的各类安全措施，钥匙则是通过便捷方式让用户享受网络的"易用性"。新闻里不断曝光的网上银行账户被盗事件不禁让人心惊肉跳，更是把网银安全问题推到了风口浪尖。近六成潜在用户因网上银行被盗事件的曝光决定推迟使用网银。不法分子通过窃取用户的卡号和密码，大量盗窃资金和冒用消费，使得银行推广网银面临非常巨大的阻力。《2016中国网上银行调查报告》显示，受访者拒绝开通网银最重要的原因仍是对于网银安全性的担忧。数据显示，在拒绝开通网银的受访者中间，近70%的受访者都对网银的安全性表示担忧,另有43.2%的网银用户则认为使用网银可能导致个人信息的泄露。虽然网银功能越来越丰富,价格呈现下降趋势,但网银安全仍然是用户最关心的话题。但是,网银措施安全防护提升必然容易导致易用性下降。金融产品的专业性较强,加上网络这一高科技载体,对于一般用户群体来讲有较大的理解和接受难度,从而一定程度上影响了网上银行的推广,也是目前使用网银的人群大多为23~35岁、高学历白领人群这一现象的原因之一。目前常用的网上银行个人认证介质(安全工具)有认证介质密码、文件数字证书、动态口令卡、动态手机口令、移动口令牌、移动数字证书。

  中国网上银行的市场发展并不均衡。从网银的经营主体来看,国有银行和股份制商业银行网上业务占比较高,而小型银行及地方金融机构的网上业务占比普遍低于10%。2016年第四季度,中国工商银行、中国建设银行、交通银行、中国农业银行、中国银行五大行凭借庞大的客户积累分别位列中国网上银行市场份额前五位,合计拥有71.3%的市场份额。招商银行则以6.5%的市场份额位居第六位,其后为民生银行、兴业银行及中信银行。这种格局的形成其原因是:一方面,大中型银行资金实力强,投入多,更注重信息化、国际化发展,因而网上业务发展起步早,逐渐替代传统业务渠道;另一方面,大中型银行的用户相对更为高端,对网上银行等较为现代化的服务接受程度高,普及推广相对容易。从地区分布来看,经济发达的沿海地区及大型城市网银普及率更高,而欠发达地区网银发展则较为落后。目前，中国网上银行主要集中覆盖在沿海地区、长江沿岸的大城市，比如上海、北京、广州、武汉、南京等城市，主要依靠当地的科学技术和发达的经济实力。

中国有关网上银行的法律法规不完善，虽然中国在网上银行的监管方面有所创新，但与网上银行的发展相比，还是相对滞后。主要表现在：（1）网络银行电子支付采用的规则都是协议，与用户在明确权利义务的基础上签订合同，出现问题可通过仲裁解决，但是由于缺乏相关的法律法规的介入，造成问题出现后涉及的责任确定、承担，仲裁结果的执行等复杂的法律关系难以解决；（2）网络银行模糊了国与国之间的自然疆界，其业务和用户随互联网的延伸可达世界的任何角落。因此，出现了新的法律问题，如跨境网上金融服务的交易管辖权、法律适用性、服务和交易合约的合法性、品牌与知识产权问题、境外信息的有效性与法律认定、网络银行的用户为非本国居民时所存在的语言选择的合法性等问题，都很模糊。这些无形中加大了银行和用户在网上进行电子支付活动的风险；（3）新《合同法》虽承认了电子合同的法律效用，却没有解决数字签名的问题；（4）对网络犯罪分子的犯罪事实的认定以及事后如何判定损失程度等法律问题还没有界定，这无形中增加了银行与用户在网上进行金融交易的风险。网上银行需要加强金融创新，提升硬件技术和设施，提升软件服务的人性化。不能以网银安全性为借口牺牲操作的便利性。电子银行业务资深专家指出，只有同时满足安全、功能、操作、服务和技术等5个要素的才是最好的网银产品。光大银行"E路阳光"将"易用"作为自己的特色吸引用户，中国工商银行则提出"口令卡使电子银行大众化"，中国建设银行把"防不专业的用户却不防小人"作为自己的口号，兴业银行则提出"最安全的不是手机"。而最早设立电子银行之一的招商银行则称网上银行是"安全性和易用性的博弈"。

二、网上银行业务的主要特征

与普通业务相比，网上银行业务主要具有申办手续简单，内控风险低，业务处理快等特点和优势。与传统银行业务相比，网上银行业务有许多优势。第一，大大降低银行经营成本，有效提高银行盈利能力。开办网上银行业务，主要利用公共网络资源，不需设置物理的分支机构或营业网点，减少了人员费用，提高了银行后台系统的效率。第二，无时空限制，有利于扩大用户群体。网上银行业务打破了传统银行业务的地域、时间限制，具有"3A"特点，即能在任何时候（Anytime）、任何地方（Anywhere）、以任何方式（Anyhow）为用户提供金融服务，这既有利于吸引和保留优质用户，又能主动扩大用户群，开辟新的利润来源。第三，有利于服务创新，向用户提供多种类、个性化服务。通过银行营业网点销售保险、证券和基金等金融产品，往往受到很大限制，主要是由于一般的营业网点难以为用户提供详细的、低成本的信息咨询服务。利用互联网和银行支付系统，容易满足用户咨询、购买和交易多种金融产品的需求，用户除办理银行业务外，还可以很方便地进行网上买卖股票、债券等金融产品，网上银行能够为用户提供更加合适的个性化金融服务。

应该讲，网上银行带给所有用户最大的实惠莫过于随时随地办理个人信贷业务并进行理财活动，让用户共享普惠的利益。网上银行对空间、地域限制的突破，解决了长久以来电子商务发展的瓶颈问题。但是，不管网上银行服务功能有多么多，涉及的领域有多么广，它都仍包括了传统的银行业务项目。网上银行突破了银行传统的业务操作模式，摒弃了店堂前台接柜开始的现场服务流程，把银行的业务直接在互联网上推出并实现。

三、网上银行的类型

按网上银行的主要服务对象来划分，网上银行业务可以分为企业网上银行业务和个人网上银行业务两类。企业网上银行业务，是指针对企业与政府部门等企事业组织客户而开设的基于互联网的银行业务处理。企事业组织可以通过企业网上银行服务实时了解企业财务运作情况，及时在组织内部调配资金，轻松处理大批量的网上支付和工资发放业务，并可进行理财相关业务。个人网上银行主要是指适用于个人与家庭的日常消费支付与转账办理的基于互联网的银行业务处理。用户可以通过个人网上银行服务，完成实时查询、转账、网络支付和汇款功能。

按网上银行的组成架构来划分，网上银行可以分为纯网上银行和以传统银行拓展网上业务为基础的网上银行两种形式。纯网上银行是完全依赖于 Internet 发展起来的全新电子银行，这类银行所有的业务交易全部依靠 Internet 来进行。这是一种纯粹的网上银行，利用 Internet 技术建立虚拟空间，没有分支银行或自动取款机（ATM）。例如，世界上第一网上银行——安全第一网上银行 SFNB（Security First Network Bank）1995 年 10 月在美国成立。该银行的成立得到了美国 OTS（Office of Thrift Supervision）的承保。SFNB 不同于以往的银行，它没有经营网点，整个银行的员工也大大少于通常概念的银行，客户完全通过 Internet 与银行建立服务联系，实现了 24 小时全天候服务，迅速、方便、可靠。而以传统银行拓展网上业务为基础的网上银行是指在传统银行的基础上，运用公共互联网来开展传统的银行业务交易处理及增值服务，主要是发展家庭银行、企业银行等服务。客户足不出户就能进行业务操作，享受银行服务。目前我国开办的网上银行业务都属于这种。由于整个系统是以传统银行系统为基础，利用互联网络开展相关的业务，其服务也称网上银行服务。

四、网上银行业务的优势

网上银行业务相比于传统银行业务在客户连接、技术方法上具有更多优势，且这种优势主要体现在：（1）网上银行降低了商业银行业务成本，提高了服务质量。现代商业银行面临的是资本、技术和管理水平等全方位的竞争。各家银行不断推出新的服务手段,如:电话银行、自助银行、自动取款机(ATM)、客户终端等。据美国权威机构调查和预测,由于利用了互联网络,减少了服务人员,网上银行的服务费用仅为普通营业费用的 1/10 左右。有了网上银行,人们就可以在任何时间、任何地方享受到支付、转账等银行服务。而且,网上银行能够提供比电话银行、ATM 和早期的企业终端服务更生动、灵活、多种多样的服务。同时,与营业网点相比,网上银行提供的服务更加标准化和规范化,避免了由于个人情绪及业务水平不同而带来的服务质量的差别,可以更好地提高银行的服务质量;(2)网上银行降低了银行自身软硬件开发和维护费用。网上银行的客户端采用的是公共浏览器软件,不需要银行维护、升级,这样可以大大节省银行的客户维护费用,从而使银行专心于服务产品的开发和服务手段的挖掘;(3)网上银行降低了客户使用成本,客户操作更加生动和友好。客户只要接入 Internet 便可方便、快捷地享受银行提供的各种网上金融服务,真正实现跨越空间和时间限制。异地的客户通过网上银行服务还可以节省国际、国内交易费用和时间。客户使用现有的公共浏览器就可以享受到图文并茂的客户服务。另外,网上银行可以随时进行商业银行的广告、宣传材料及公共信息的发布。商业银行的业务种类、处理流程、最新通知和年报等信息都可以在网上进行发布,这是网上银行最基本、最简单的功能。网上银行还可以实现客户在银行各类账户信息的查询,及时反馈客户的财务状况,实现客户安全交易,包括转账、信贷及股票买卖活动。

五、个人网上银行业务的开通

（一）个人网上银行开通流程

个人开通网上银行业务流程的具体操作步骤如下：携带本人身份证等有效证件和银行卡或存折去银行进行开户；填写个人网上银行申请书，交给银行工作人员；在银行开户成功后，会收到开户成功的短信提示；开通后，银行工作人员会为用户激活网银，确保用户可以正常使用；30天内访问相关银行网站，点击"首次登录"，按提示进行操作；采用动态密码用户登录或数字证书用户登录；顺利开启网上银行的使用之旅。

（二）个人网上银行开通注意事项

携带本人身份证件以及名下任意一张银行卡或活期一本通存折，至相关银行的任一营业网点办理开通个人网银手续。选择使用数字证书或动态密码作为网上银行交易的安全保障。"数字证书"与"动态密码"的特点比较，数字证书可以视为一种加密，需要配合银行下载的交易软件使用。

如果一台电脑只安装了交易软件而没有拷贝数字证书的话便不能交易。数字证书的取得需要到银行网点申请办理。如果需要在多台电脑上使用，则需要每台电脑都安装交易软件并加载证书，因此证书可以拷贝入移动存储设备便于携带。

如果你拥有一台属于自己的个人电脑并拥有良好的使用习惯（安装防火墙、定期杀毒、不浏览危险网站等），使用数字证书是一个很方便的办法。因为不法分子只有取得用户的数字证书才能操作账户。

动态密码是银行发送到用户手机的一条临时的交易密码，不可重复使用。应该说比数字证书安全。危险在于账户和手机被同一人取得或者手机短信被故意拦截，但动态密码一般在交易额度或服务上受限。

如果申请成为数字证书用户，银行工作人员会预留用户手机号码（仅在首次登录时使用）。用户在完成全部开户手续后，预留的手机号码将收到一条银行发送的开户成功提示短信。若用户希望使用移动证书，需要向银行购买相关设备。此后，只要在30天内访问相关银行网站，点击"首次登录"，按页面提示完成首次登录操作即可开始使用网银。

如果申请成为动态密码用户，银行工作人员也会预留用户手机号码（首次登录、日常登录时均需使用）。在完成全部开户手续后，预留手机号码将收到一条银行发送的开户成功提示短信。此后，用户只要在30天内访问相关银行网站，点击"首次登录"，按页面提示完成首次登录操作即可开始使用网银。

网上银行是实时开通的，用户到网点申请成功后，即可上网自助完成"首次登录"，开始使用网银。

（三）首次登录网上银行（以北京银行网上银行为例）

1. 用户登录北京银行首页，找到并点击"电子银行"按钮页面，点击页面右方"个人网银普通用户登录"按钮（如图94所示）。

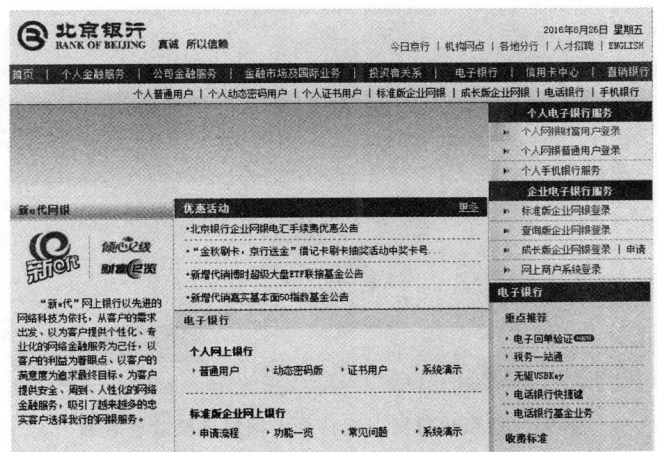

图 94　北京银行网上银行"个人网银普通用户登录"页面

需要说明的是,"个人网银财富用户"与"个人网银普通用户"两个功能模块相比较,个人网银财富用户具有如下的优势:(1)功能更多。个人网银财富用户除可以享受个人网银普通用户全部功能外,还可以使用行内转账、跨行汇款、外汇买卖、在线充值、网上缴费等便捷的功能;(2)安全性更高。个人网银普通用户采用的是 SSL 加密通道,个人网银财富用户在此基础上,还采用了安全级别更高的数字证书体系,以保证用户使用网上银行的资金安全。但对于大多数用户来说,个人网银普通版从功能到安全性完全可以满足基本的需要。

2. 用户选择"动态密码用户"或"证书用户"方式进行登录(如图 95 所示)。一般情况下,银行会推荐用户使用"证书用户"方式登录。

图95 北京银行网上银行个人网银登录验证界面

3. 首次登录时，系统会自动进入首次使用证书版网银软件安装界面，以及安装的提示信息（如图96所示）。用户须点击安装运行环境，根据提示进行安装。

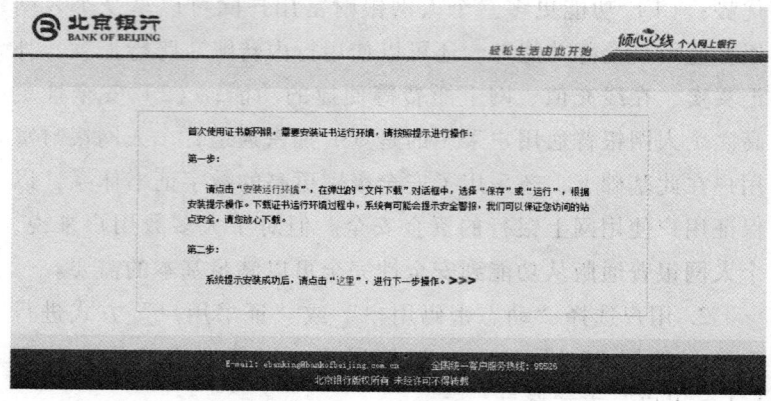

图96 北京银行个人网银首次登录软件安装提示界面

4. 用户在系统弹出的软件安装向导对话框内点击"安装"按钮进行安装（如图97所示）。

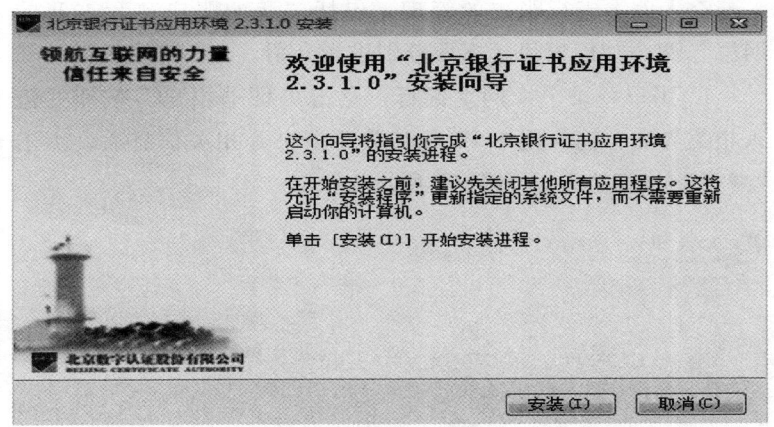

图97　北京银行网银证书应用环境软件安装向导对话框

5. 证书应用环境软件安装成功后，系统会弹出数字证书应用环境已经安装完成对话框。点击"确定"按钮，安装过程结束（如图98所示）。

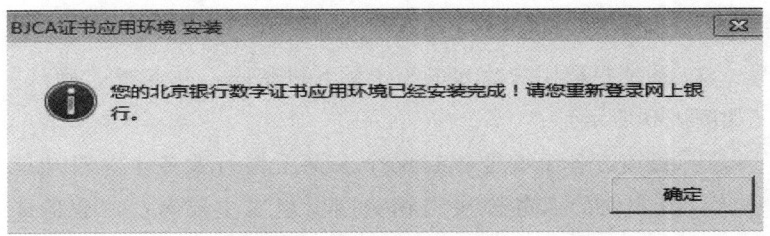

图98　北京银行数字证书应用环境安装完成对话框

六、个人网上银行账户管理（以北京银行网上银行为例）

个人网上银行账户的管理，包括"我的账户"和"我的网银"两个功能模块。下面分别进行介绍。

1. 用户登录个人网上银行，点击"证书用户"按钮并进入相关界面，输入用户 ID 及其数字证书等相关信息后，点击"登录"按钮进入（如图 99 所示）。

图 99　北京银行个人网银"证书用户"登录页面

2. 系统提醒用户输入电子密盾开机密码，并点击"确认"（如图 100 所示）。

3. 目前，各个商业银行的个人网上银行业务丰富且功能强大。其主要的业务模块或相关网页组成主要有："我的账户"、"转账汇款"、"自助缴费"、"投资理财"、"结售汇"、

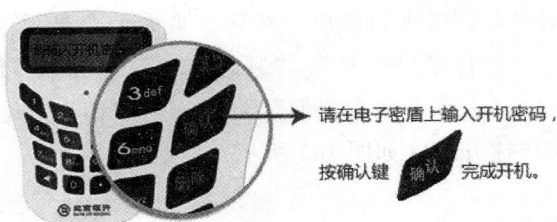

图 100　系统提示输入电子密盾开机密码界面

"在线贷款"、"网上保险"、"资金归集"、"我的报告"、"我的网银"等。而对于目前网上银行的热点业务，网上银行还会提供"我的账户"、"转账汇款"、"自助缴费"、"投资理财"、"贷款融资"、"网上商城"、"我的网银"等快捷方式（如图101所示）。

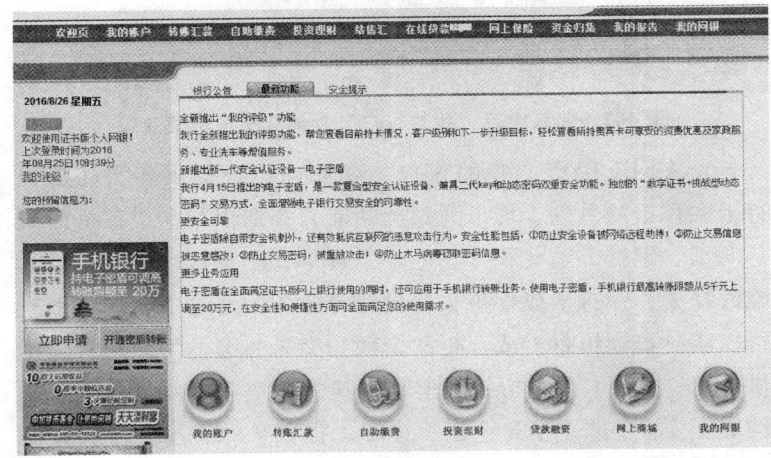

图 101　北京银行个人网银主要业务模块或相关网页组成

4. 用户点击"我的账户"按钮，页面上会显示"本行账户查询"、"他行账户查询"、"紧急挂失"、"修改 VISA 优先结算账户"、"公积金账户查询"、"小额账户销户"、"增值服务"相应快捷方式（如图 102 所示）。

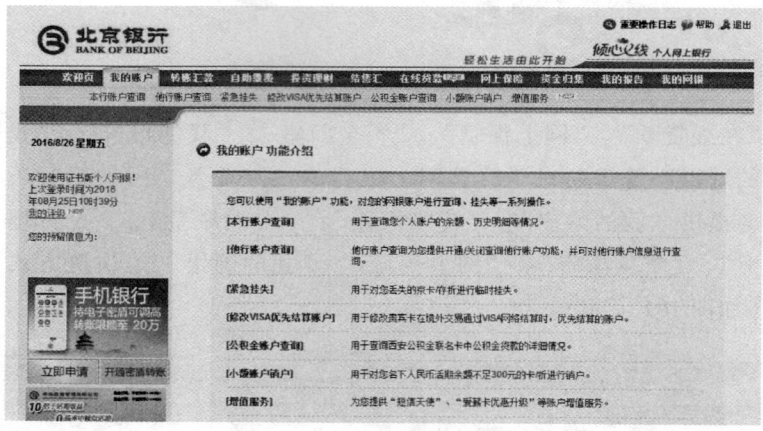

图 102　北京银行"我的账户"功能介绍及快捷方式

个人网上银行"我的账户"功能向用户提供各类注册银行卡和存折的管理，可以通过此功能，查询银行卡或存折的交易明细、银行卡消费积分、电子工资单，办理银行卡或存折的临时挂失、银行卡或存折关联设置等业务。通过个人网上银行可以实时查询银行卡或存折的余额和交易明细，为账户管理提供便捷；银行卡或存折的网上临时挂失，快速方便，保障账户的资金安全；账户信息全面、详尽，提供 7×24 小时全天候服务，是真正的账户管家。需要说明的是，用户在网上进行银行卡或存折挂失仅为临时挂失，需持本人身份证原件到银行营业网点办理正式挂失手续。

点击"我的账户"中的分项功能，可以进行相关查询等服务。例如，点击"查询账户信息"，可以看到账户的信息，如想更为详细的看自己的账户，还可以点击查看更详细的信息（如图 103 所示）。

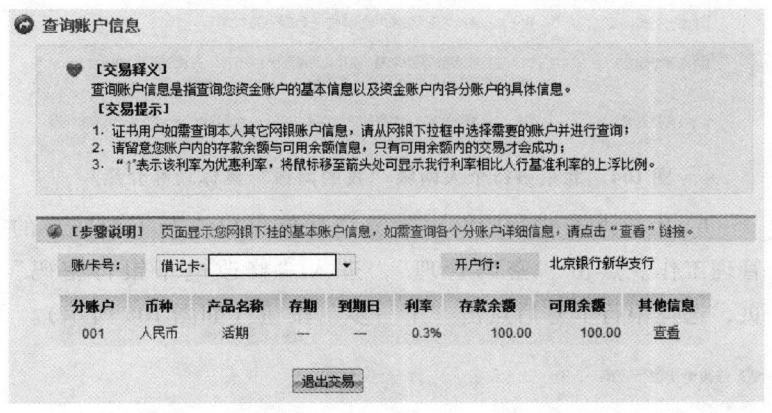

图 103　北京银行"查询账户信息"界面

5. 点击"我的网银"按钮并使用该功能。"我的网银"由"网银证书管理"、"密码管理"、"功能申请"、"动态密码版网银管理"、"快捷菜单定制"和"网银背景选择"等具体功能模块组成。而在"我的网银"界面，用户还会看到以上各项相关功能的介绍（如图 104 所示）。

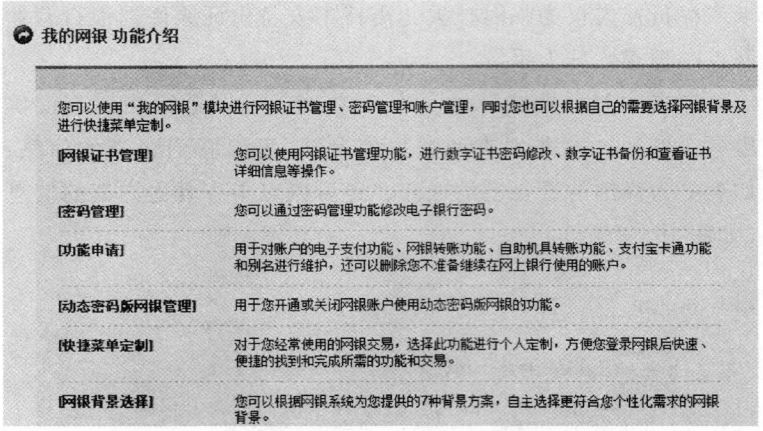

图 104　北京银行个人网银"我的网银"具体功能介绍

6. 用户点击"我的网银"分项功能可以进行不同账户的管理工作。点击"密码管理",进入"修改电子银行密码"页,选择银行卡号后点击"下一步"按钮(如图 105 所示)。

图 105　"修改电子银行密码"功能输入卡号界面

7. 用户输入原电子银行密码和新的电子银行密码后，点击"确认"按钮，完成密码的修改（如图106所示）。

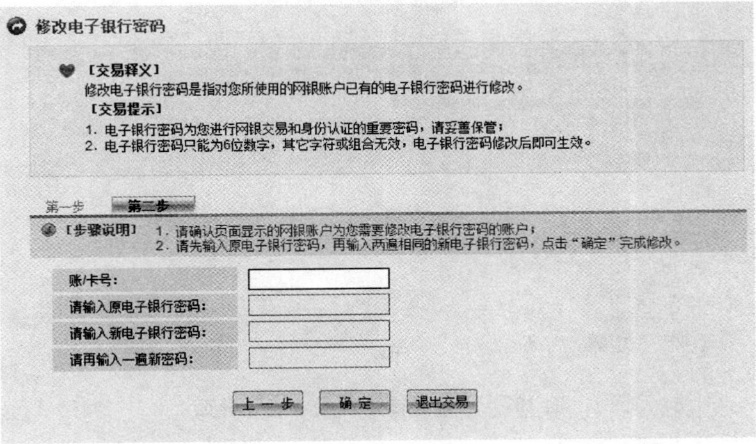

图106 "修改电子银行密码"功能输入新密码界面

七、个人网上银行转账汇款（以北京银行网上银行为例）

（一）网银转账功能申请

1. 用户在进行转账汇款业务前，要先进行网银转账功能申请。点击"网银转账功能申请"按钮并进入相关界面（如图107所示）。

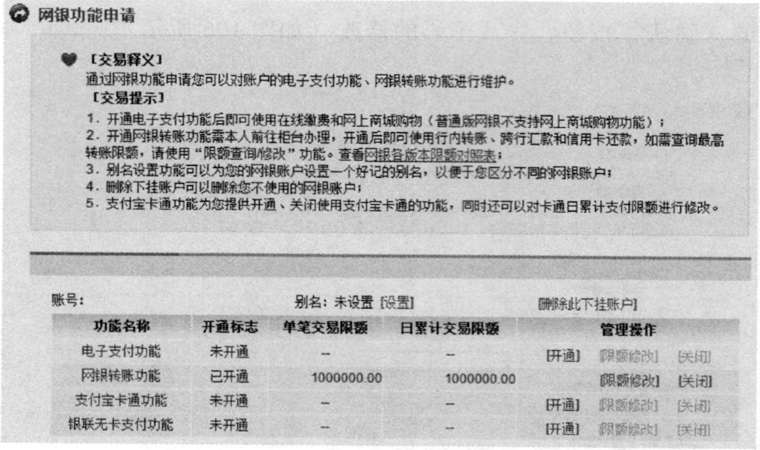

图107 "网银转账功能申请"界面

2. 用户根据需要可以开通电子支付功能、支付宝卡通功能和银联无卡支付功能。若用户开通网银账户在线缴费和网上商城购物功能，则选择开通电子支付功能，进入该操作界面的"第一步"，勾选"已阅读并同意签署"选项框，然后点击"同意"按钮（如图108所示）。

3. 接下来，用户须设置"单笔转出限额"和"日累计转出限额"，点击"确定"按钮，并确认完成电子支付功能的开通（如图109所示）。

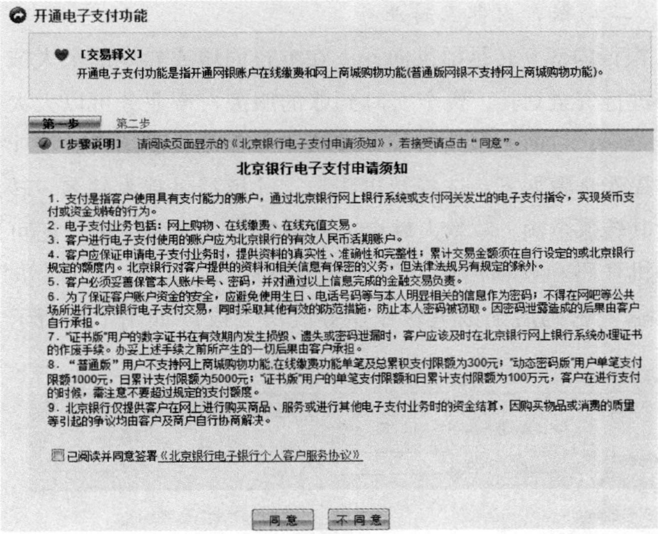

图 108　开通电子支付功能阅读并同意申请须知操作界面

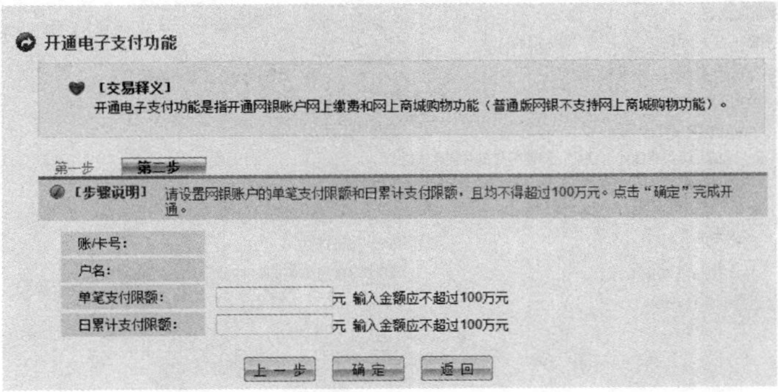

图 109　开通电子支付设置单笔、当日支付限额界面

（二）银行内部互转业务

银行内部互转是提供向开立在本行同城或异地的个人或企业账户进行资金划转，资金实时到账的服务，该业务可以大大提高资金效率，目前大多数银行办理该业务都免收手续费。该业务的具体操作步骤如下：选择转出账户，并填写付款人姓名、转出账号及其转账金额，收款人姓名、收款账号，当然，用户还可以填写手机号码和款项用途。用户填写完成后，点击"下一步"按钮，输入密码后则该笔转账业务成功完成（如图110所示）。

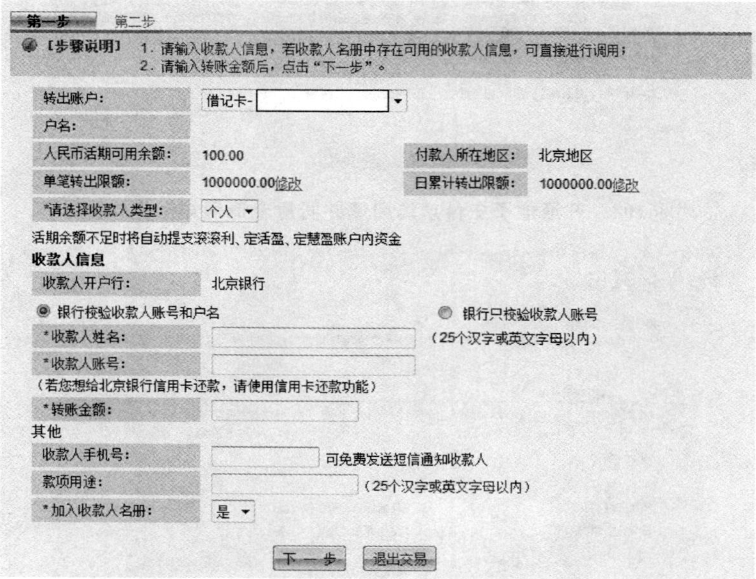

图 110

需要说明的是,如果是经常转账的用户,可以选择"加入收款人名册"后面的"是"或"否"选项。选择"是"则自动"加入收款人名册",下次用户转账时系统会直接显示账号或户名供用户直接选择,不用再次填写收款人姓名和账号。直接填写支付金额并点击"确定"按钮,即可完成转账支付。

(三)跨行汇款业务

跨行汇款,向开立在其他银行同城或异地的个人或企业账户进行汇款,资金到账时间取决于对方银行。跨行汇款网上受理时间为工作日 8:40~17:00。若在银行工作日受理时间内办理跨行汇款,银行将在当天将用户的款项汇出;若在受理时间之外办理汇款,银行将转入下一个工作日(遇节假日顺延)处理。跨行汇款分为普通汇款和快速汇款。通过个人网上银行转账是非常方便快捷的,个人网上银行转账汇款突破了传统转账汇款只能在工作时间到银行网点办理的限制,5万元以下汇款用户可以 7×24 小时操作,免去在银行网点排队等候之忧,节约了宝贵的时间。

1. 用户进行跨行普通汇款时,须在网银相关页面上填写收款人信息、收款银行信息、转账金额以及用途或附言、付款人手机号码等其他信息。填写完成后,点击"下一步"按钮,输入支付密码后即可完成跨行普通汇款(如图 111 所示)。

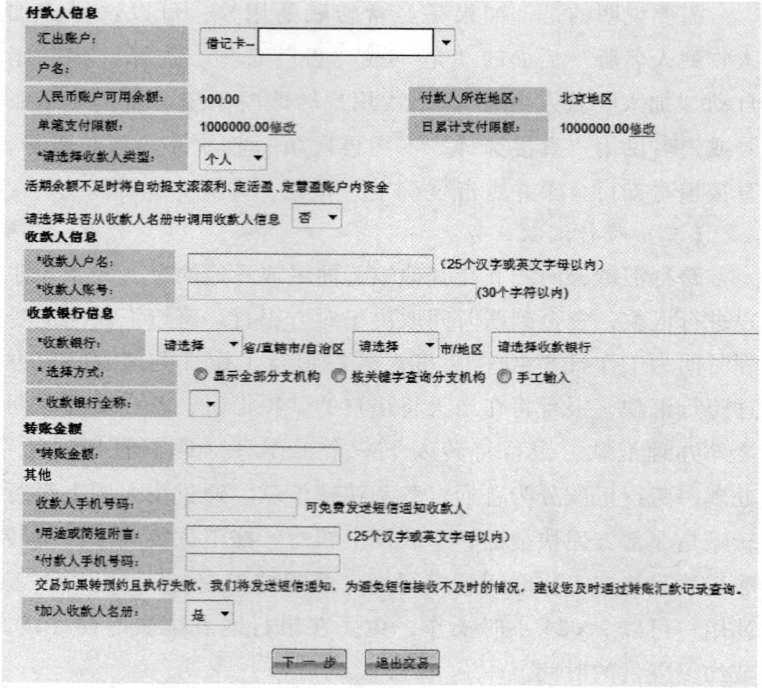

支付宝　网银　微信支付

图111　网上银行跨行普通汇款操作界面

2. 若用户想要进行快速汇款，则选择汇出账户、填写收款人信息、收款银行信息、转账金额、收款人手机号码、用途及附言、付款人手机号码等。填写完成后，点击"下一步"按钮，完成跨行快速汇款（如图112所示）。从图111与图112的比较中可以看出，普通汇款和快速汇款操作界面的主要区别在于收款银行信息的填写内容有所不同。

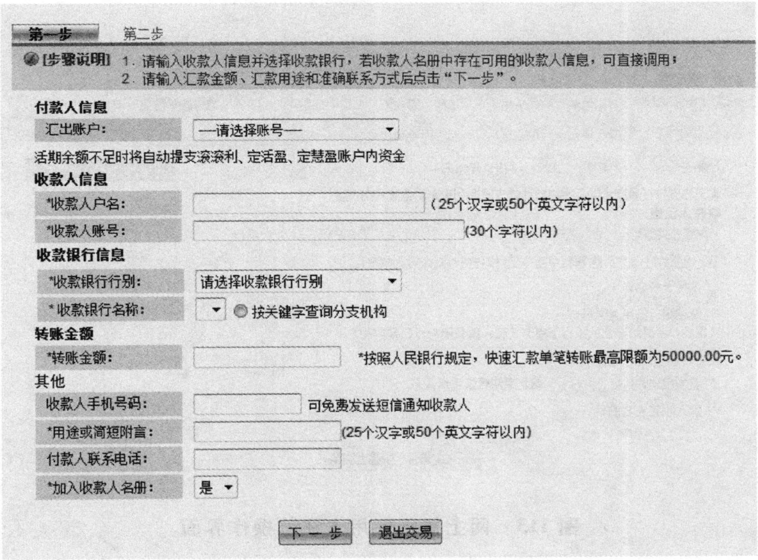

图 112　网上银行跨行快速汇款操作界面

（四）信用卡还款

用户通过网上银行进行信用卡还款，大多数是归还本行的信用卡账款。但也有的银行提供信用卡跨行还款业务用户享受网上银行提供 7×24 小时服务的同时，也免去支付手续费。具体操作如下：选择付款账号，填写收款人信息，也就是信用卡的卡号和还款金额。点击"下一步"按钮，完成信用卡还款业务操作（如图 113 所示）。

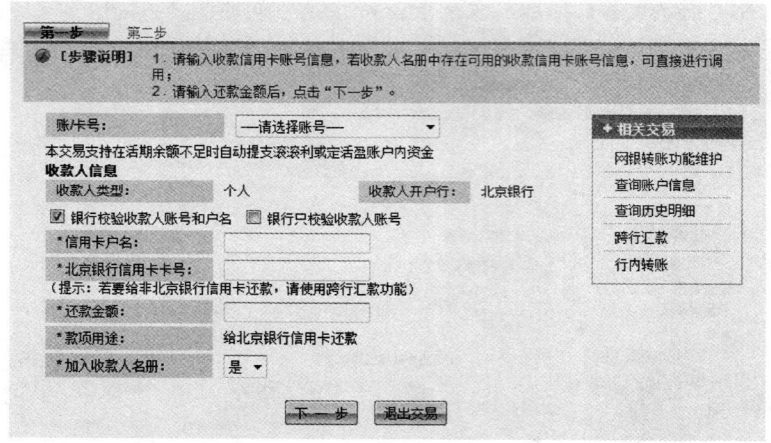

图113　网上银行信用卡还款操作界面

(五) 预约转账

预约转账是指用户设定预约转账日期、金额等转账条件，由开户银行按照用户事先设定的转账条件自动从转出账户向同行行内个人或企业转入账户进行资金划转。使用该项业务时，用户须填写转出账户信息、收款人信息、预约转账条件。点击"下一步"按钮，完成预约转账业务操作。需要强调的是，业务类型选择有"指定日期转账"、"按月转账"和"按季转账"三种供选择（如图114所示）。

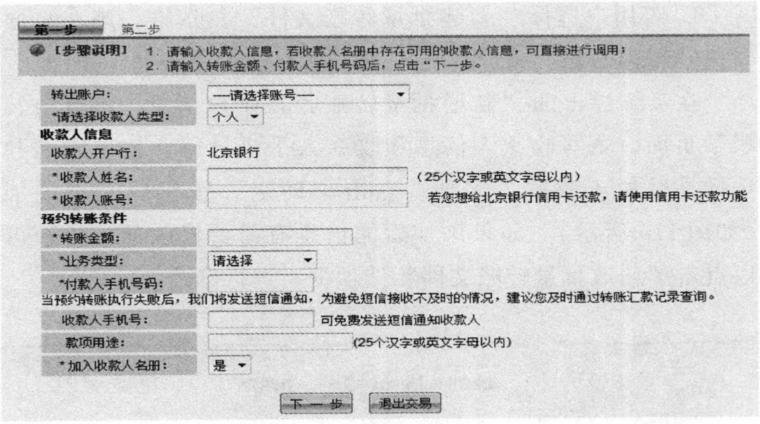

图114 网上银行预约转账操作界面

(六) 批量转账

批量转账是指用户通过一次性提交多笔转账指令，可以同时向多个本行或他行个人账户进行划转资金，一次操作可以完成多笔转账汇款业务。节约时间，流程简便。批量转账功能包括"新建批量转账文件"和"修改批量转账文件"两项功能模块（如图115所示）。

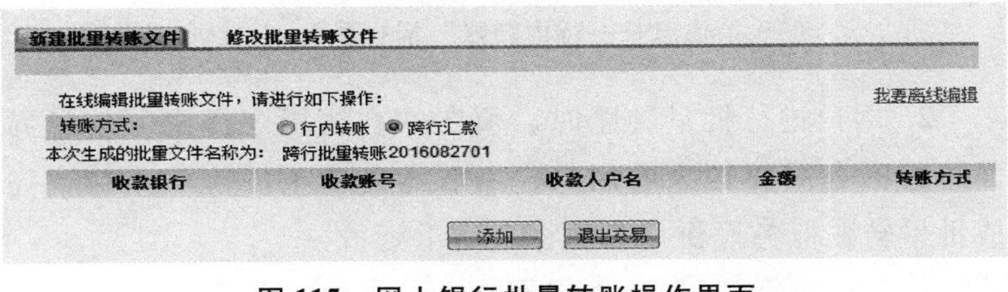

图115 网上银行批量转账操作界面

1. 若用户选择"新建批量转账文件"复选框，则在页面勾选"行内转账"或"跨行汇款"后，点击"添加"按钮。

在系统弹出的"新增批量转账收款账户信息——行内转账"页面，填写收款人信息和收款人手机号码、款项用途和选择是否加入收款人名册。点击"确定"按钮后完成添加（如图116所示）。如果添加后的信息有需要修改的地方，可以点击"修改批量转账文件"选项框，进行修改。

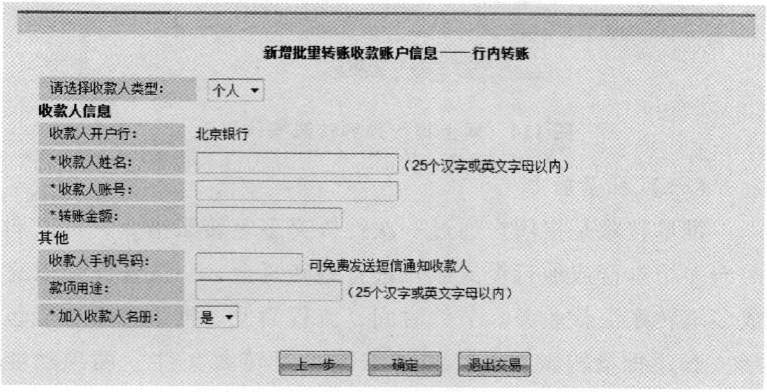

图116 网上银行"新增批量转账收款账户信息——行内转账"操作界面

2. 用户进行批量转账时，须在"在线指令提交"信息界面勾选所有需要转账的用户，而后点击"下一步"按钮，完成批量转账业务操作（如图117所示）。

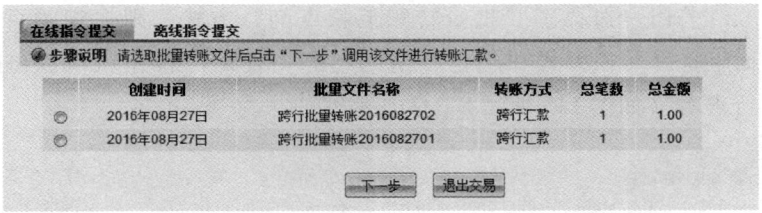

图117 网上银行批量转账"在线指令提交"信息界面

3. 若用户进行转账汇款记录查询,可在"单笔转账汇款查询"或"批量转账汇款查询"两种查询方式中进行选择。若用户选择了"单笔转账汇款查询"方式,则在相关页面上面选择转出账号或卡号并选择起止日期,点击"确定"按钮就可以进行查看(如图118所示)。

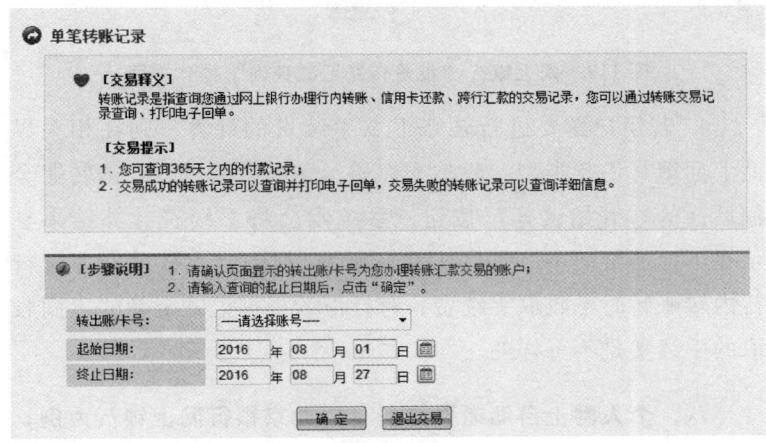

图118 网上银行"单笔转账汇款查询"操作界面

若用户选择了"批量转账汇款查询"方式,则在相关页面上选择转账方式和起止日期,点击"查询"按钮就可以进行查看(如图119所示)。

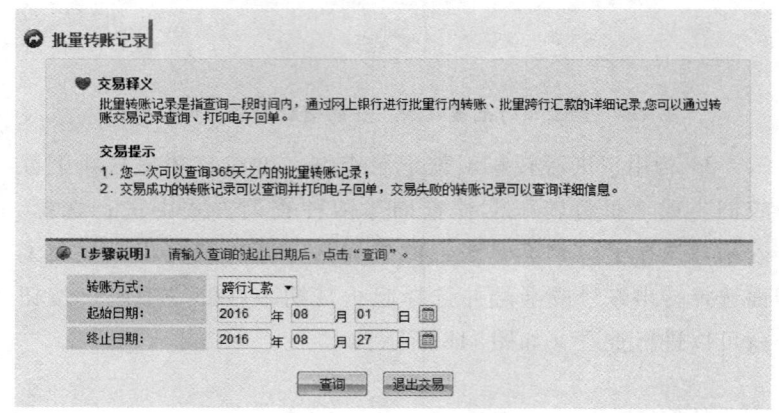

图119 网上银行"批量转账汇款查询"操作界面

4. 若用户需要进行转账汇款手续费的计算,则在相关界面上面填写汇款类型、收款人性质、转账金额后,点击转账金额后面的"开始试算"按钮,系统则会将手续费计算结果显示在下面的页面中(如图120所示)。目前,大部分商业银行行内转账暂时不收取手续费,跨行汇款根据汇款金额的不同收取的手续费是不一样的。

八、个人网上自助缴费业务(以北京银行网上银行为例)

个人网上银行自助缴费业务是银行为个人用户在电子商务

中篇　网上银行业务及其使用　117

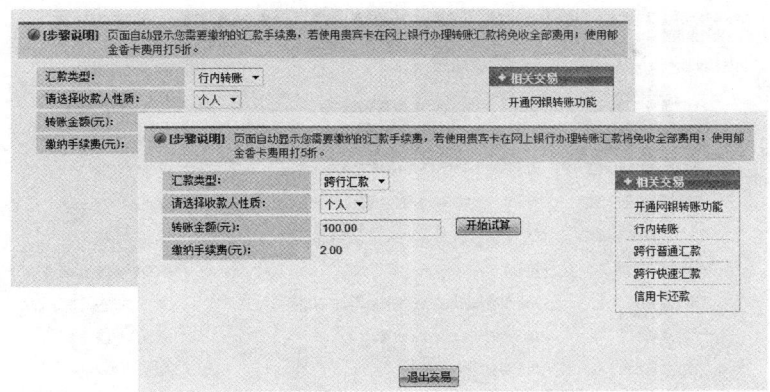

图120　网上银行跨行汇款手续费试算操作界面

平台购物过程中提供在线资金结算服务的业务。通过网上支付业务，对电子商务平台生成的订单进行支付操作。目前主要有卡密支付和信用卡、支付证书支付方式供选择。其中，卡密支付和信用卡支付方便快捷，支付时直接输入卡号、支付密码或交易密码即可完成支付。但卡密支付和信用卡支付有一定的限额限制。证书支付的支付限额高、安全，支付时需要插入USB-KEY等外置设备进行数字证书签名。证书支付限额以用户转账限额为准。

（一）在线缴费

用户使用"在线缴费"功能可以实现通信费、水费、供暖费、电费、学费、二手房款以及抄单燃气费等缴费项目（如图121所示）。

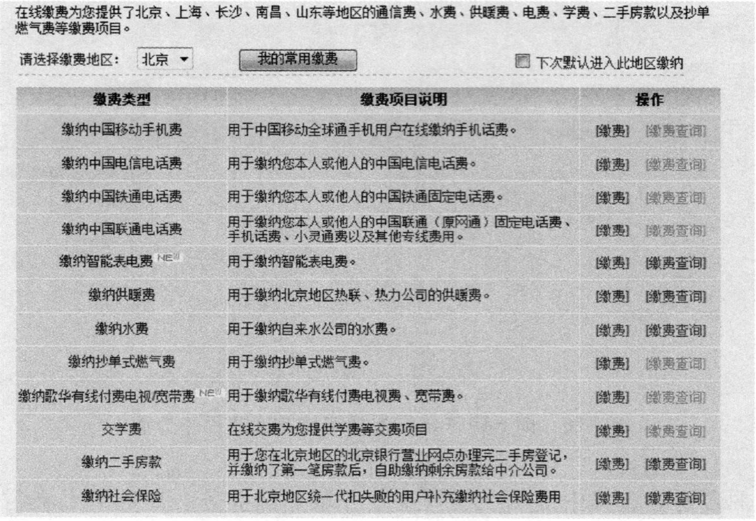
在线缴费为您提供了北京、上海、长沙、南昌、山东等地区的通信费、水费、供暖费、电费、学费、二手房款以及抄单燃气费等缴费项目。

请选择缴费地区：北京　我的常用缴费　下次默认进入此地区缴纳

缴费类型	缴费项目说明	操作
缴纳中国移动手机费	用于中国移动全球通手机用户在线缴纳手机话费。	[缴费] [缴费查询]
缴纳中国电信电话费	用于缴纳您本人或他人的中国电信电话费。	[缴费] [缴费查询]
缴纳中国铁通电话费	用于缴纳您本人或他人的中国铁通固定电话费。	[缴费] [缴费查询]
缴纳中国联通电话费	用于缴纳您本人或他人的中国联通（原网通）固定电话费、手机话费、小灵通费以及其他专线费用。	[缴费] [缴费查询]
缴纳智能表电费 NEW	用于缴纳智能表电费。	[缴费] [缴费查询]
缴纳供暖费	用于缴纳北京地区热联、热力公司的供暖费。	[缴费] [缴费查询]
缴纳水费	用于缴纳自来水公司的水费。	[缴费] [缴费查询]
缴纳抄单式燃气费	用于缴纳抄单式燃气费。	[缴费] [缴费查询]
缴纳歌华有线付费电视/宽带费 NEW	用于缴纳歌华有线付费电视费、宽带费。	[缴费] [缴费查询]
交学费	在线交费为您提供学费等交费项目	[缴费] [缴费查询]
缴纳二手房款	用于您在北京地区的北京银行营业网点办理完二手房登记，并缴纳了第一笔房款后，自助缴纳剩余房款给中介公司。	[缴费] [缴费查询]
缴纳社会保险	用于北京地区统一代扣失败的用户补充缴纳社会保险费用	[缴费] [缴费查询]

图 121　网上银行“在线缴费”功能操作界面

1. 以缴纳固定电话费为例，用户选择要缴费项目，点击“下一步”缴费（如图 122 所示）。

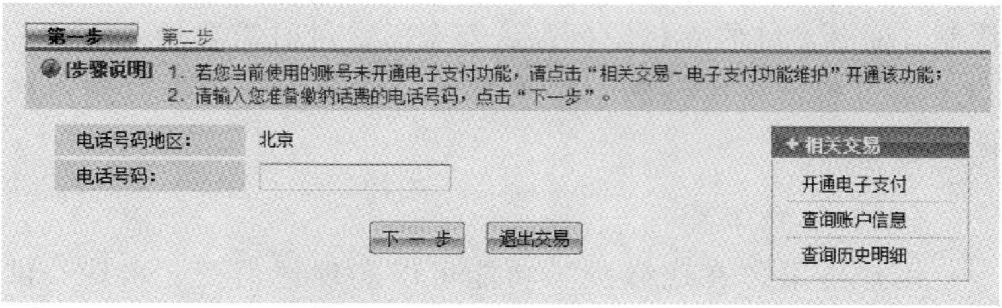

图 122　网上银行缴纳固定电话费输入电话号码界面

2. 输入要缴费手机号码后,点击"下一步"。选择缴费银行账号,确定信息并输入电子银行密码,点击确定完成交易(如图 123 所示)。

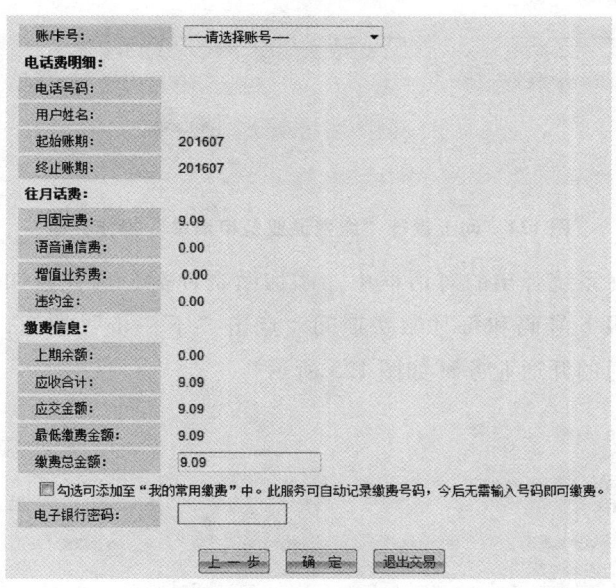

图 123　网上银行缴纳手机话费输入电话号码界面

(三) 缴费

用户如果需要开通缴费功能,在"缴费通业务申请单"中第一步选择缴费所在地区,点击"下一步"按钮(如图 124 所示)。

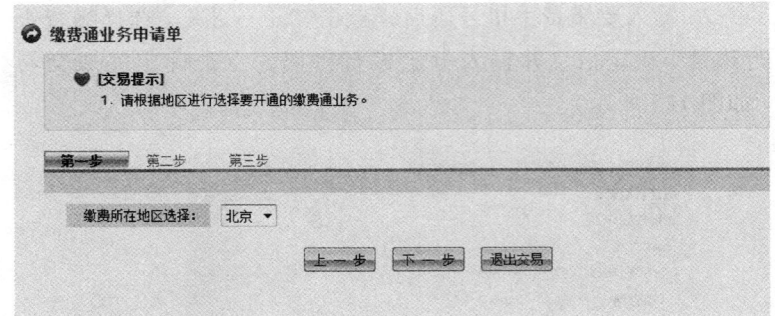

图124 网上银行"缴费通业务申请单"操作界面

在系统弹出的对话框中,添加缴费种类,选择通知服务、通知服务号码和每月缴费期间。点击"下一步"按钮,完成缴费通的开通业务(如图125所示)。

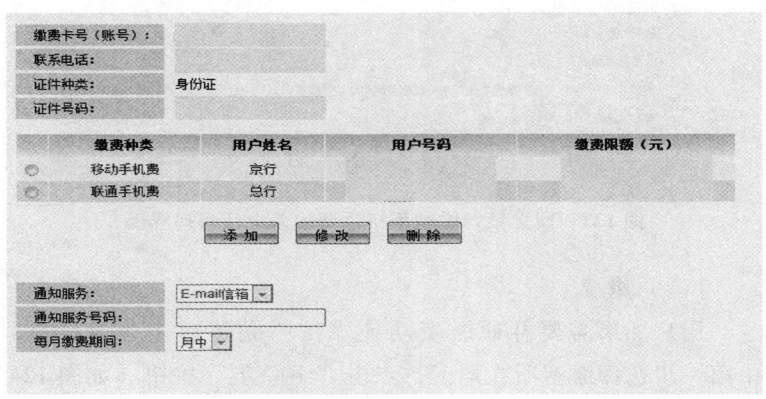

图125 网上银行缴费通开通操作界面

(四) 银行卡网上购物支付

1. 用户通过浏览器在网上浏览商品，选择货物，填写网络订单，选择应用的网络支付结算工具，并且得到银行的授权使用。用户核对相关订单信息，如支付信息进行加密，在网上提交订单（如图 126、图 127 所示）。

图 126　网上购物浏览页面

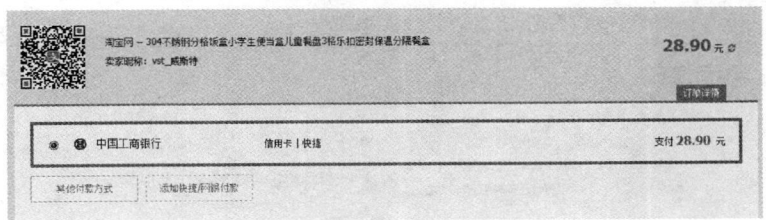

图 127　网上购物提交订单界面

3. 用户填写卡号并核对后,点击"下一步"按钮(如图128所示)。

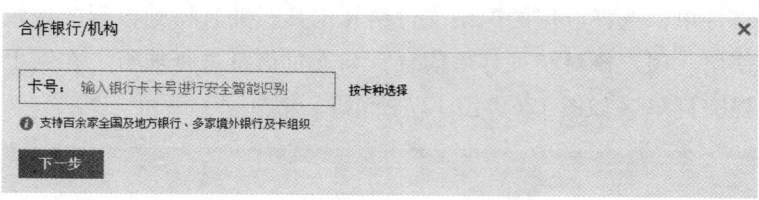

图128 网上购物确认支付卡号界面

4. 用户选择"网上银行",点击"下一步",添加成功,以后就可以利用网银进行缴纳费用了(如图129所示)。

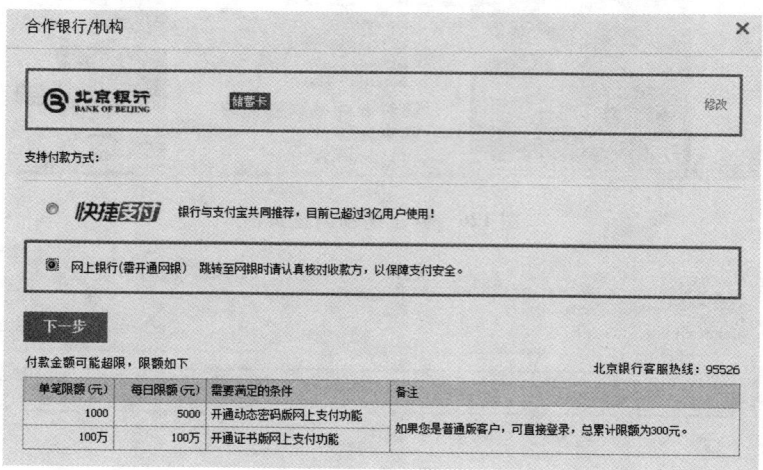

图129 选择合作银行网银进行网上购物支付结算

5. 商家服务器对用户的订购信息进行检查、确认，并把相关的、经过加密的用户支付信息转发给支付网关，直到银行专用网络的银行后台业务服务器确认，以及从银行等电子货币发行机构验证得到支付资金的授权。用户通过网银付款，输入用户ID，点击"确认支付"，即支付成功完成（如图130所示）。

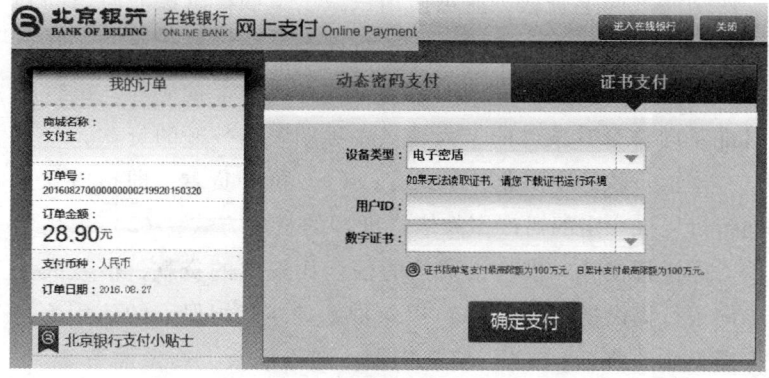

图130　网上支付信息授权及确认支付

银行验证确认后，通过建立起来的经由支付网关的加密通信通道，给商家服务器回送确认及支付结算信息，为进一步的安全，给用户回送支付授权请求。银行得到用户传来的进一步授权结算信息后，把资金从用户账号上转拨至开展电子商务的商家银行账号上，借助金融专用网进行结算，并分别给商家、用户发送支付结算成功信息。商家服务器收到银行发来的结算成功信息后，给用户发送网络付款成功信息和发货通知。至此，一次典型的网上支付结算流程结束。

九、个人网上银行贷款业务（以北京银行网上银行为例）

用户申请银行传统贷款需要大量的时间和精力，为此，各大银行跟随潮流，纷纷推出了可以足不出户，在网上申请的贷款服务。网上贷款，是各大商业银行个人网上银行系统一项重要的功能。网上贷款，既可使用户减少定期存款提前使用的利息损失，同时用户也无需再到银行网点，轻松操作鼠标，几分钟即可获得银行贷款。网上银行贷款方式与审批流程，银行随时准备向符合其条件的个人提供各种期限和数额的贷款。

网上贷款的主要业务形式有：（1）抵押贷款。即指借款人向银行提供一定的财产作为信贷抵押的贷款方式；（2）信用贷款。即银行仅凭对借款人资信的信任而发放的贷款，借款人无须向银行提供抵押物；（3）担保贷款。即以担保人的信用为担保而发放的贷款；（4）贴现贷款。即指借款人在急需资金时，以未到期的票据向银行申请贴现而融通资金的一种贷款方式。

个人网上银行贷款业务为用户提供线上"额度申请"、个人授信项下"在线提款"、"贷款信息查询"及部分产品的"提前还款"服务。

（一）额度申请

1. 登录银行官方网站，进入个人网银普通版，再进入"在线贷款"项下的"额度申请"按钮进入（如图131所示）。

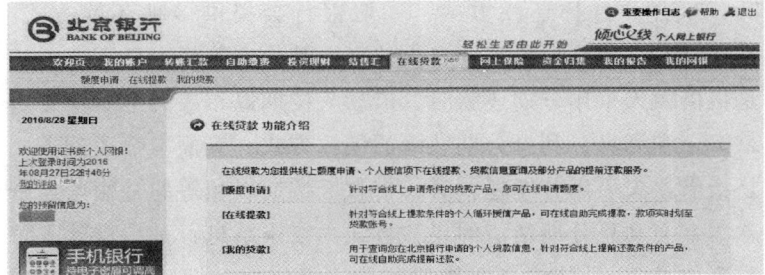

图 131　网上银行"在线贷款"功能介绍

2. 填写好各项资料后即可提交贷款申请。填写的个人资料一定要真实准确。可使用证书版网银进行线上申请，系统审核后自动放款，无需人工审核（如图 132 所示）。

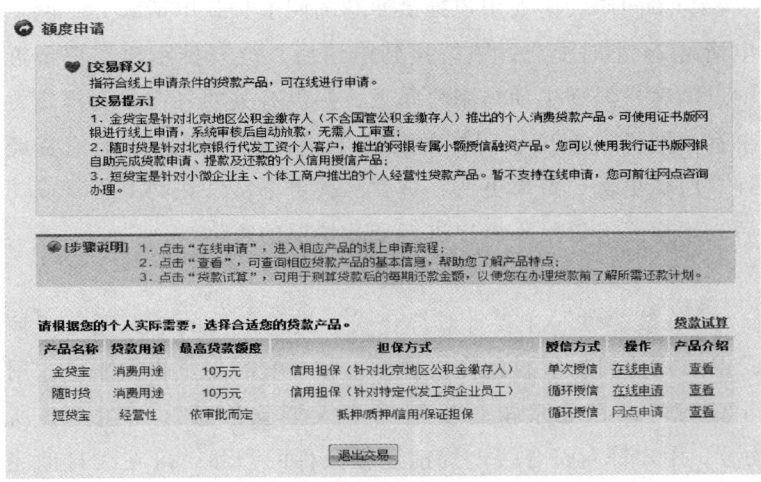

图 132　"在线贷款"额度申请操作界面

3. 用户选择还款方式,一般银行会提供多种还款方式,在选择时,用户根据需要自由选择。其中,等额本息还款方式是指借款人采用分期还款时,借款人按期以相等的金额偿还贷款本金和利息,利息分期结清的还款方式;等额本金还款方式是指借款人采用分期还款时,借款人按期以相等的金额偿还贷款本金而利息分期结清的还款方式。按季结息:是指借款人每季度末月20日结清当期贷款利息,于贷款到期日结清全部贷款本金及未偿还贷款利息的还款方式。采用该还款法的贷款总期限不得超过3年(助学贷款除外)。利随本清是指全部贷款本金及利息于贷款到期日一次性全部结清的还款方式。采用该还款法的贷款总期限不得超过1年。

为了向广大个人用户提供便利的网上贷款申请服务,网上申请可24小时提交,银行接到申请后,会安排距离用户最近网点的客户经理主动与用户联系,提供有关的咨询并安排贷款事宜。同样的额度、同样的三步申请,但能迅速匹配信贷经理。门槛更低、费率更低、贷款品种更丰富。在网上贷款成功后,用户还可以足不出户进行贷款情况的查询。

(二)在线提款和我的贷款

"在线提款"主要针对符合线上提款条件的个人循环授信产品。用户可在线自助完成提款,款项实时划至贷款账号,用于查询用户在北京银行申请的个人贷款信息(如图133所示)。用户针对符合线上提前还款条件的产品,可在线自助完成提前还款。用户点击"我的贷款",可以查看所有的贷款情况。

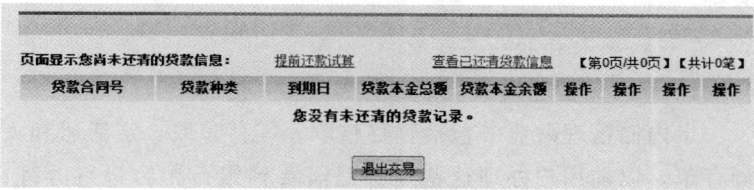

图133　网上银行个人贷款信息查询页面

十、个人网上银行理财服务（以北京银行网上银行为例）

商业银行发行的理财产品，常有通过期限错配的方式来赚取较高回报。例如，把理财产品卖给A，期限1个月，银行实际把这部分资金以3个月的期限放贷给B使用。那么，A购买的理财到期后，如何兑付呢？就是靠银行把理财再卖给C来实现。这对银行资金流动性的管理水平，就要求的非常高，一旦发生风险，银行将面临破产的危险。针对这种情况，中国银监会出台了一系列管理办法，要求银行对理财产品实施一对一的管理，一单理财对应一份资产负债表，规避流动性风险。

如今，商业银行为了更好的方便广大用户购买银行理财产品，开通了网上购买银行理财产品的渠道。用户通过开通个人网上银行，可以使用网上银行进行理财产品交易。点击投资理财产品并进行签约最后进入协议页面。如果在柜面已签约网银渠道，则可以直接在网上银行进行交易，网上银行不需要再次签约。如果用户在柜面开通了其他渠道（未开通网银渠道），

支付宝　网银　微信支付

在个人网银进行交易时，需要先进行网上银行投资理财渠道签约。

（一）个人存款业务理财

1. 卡内储蓄理财

卡内储蓄理财业务包括整存整取、零存整取、定活通和大额存单。以前用户办理这些业务是需要到银行柜台进行办理，现在这些业务可以通过个人网上银行存款业务进行办理。这样可以大大节约时间，提高效率。

（1）若用户选择整存整取，点击"整存整取"后，可以进行转整存整取和预约转整存整取两项操作。填写好账号或者卡号后，点击"转整存整取"按钮进入（如图134所示）。

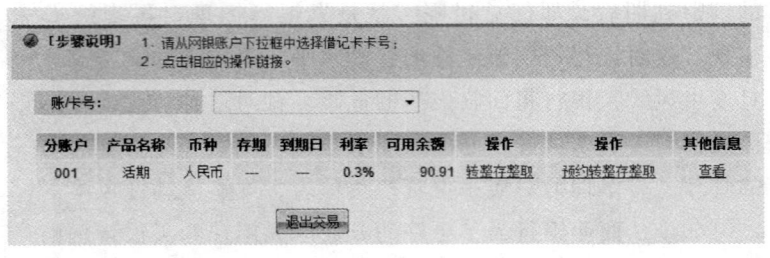

图134　网上银行"整存整取"账号、卡号选择操作界面

（2）在系统弹出的相关界面上面填写开户金额，选择开户存期，输入电子银行密码，点击"确定"按钮，完成整存整取业务的办理（如图135所示）。

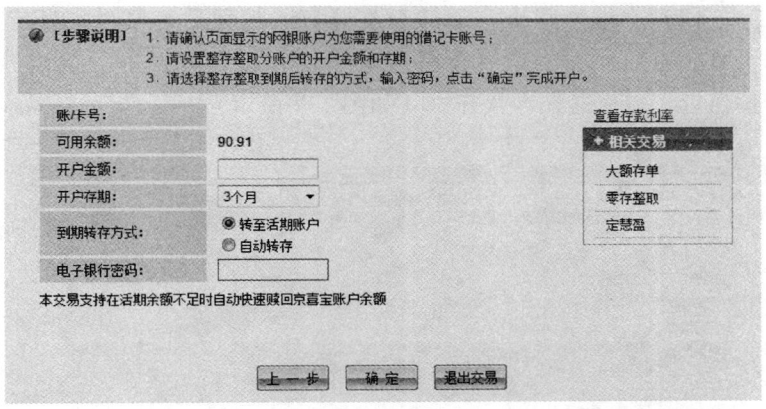

图135　网上银行"整存整取"输入金额、存期及密码界面

2. 通知存款理财

（1）用户想要进行通知存款理财，则点击"通知存款开户"后，选择账号或卡号，点击"转通知存款"按钮进入（如图136所示）。

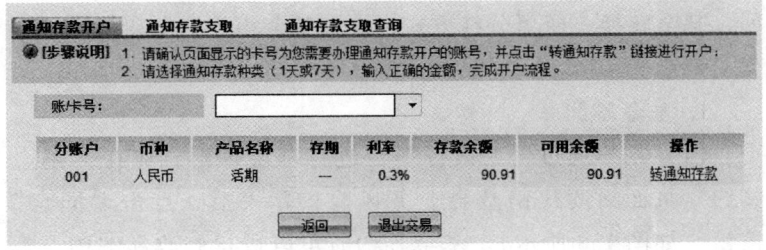

图136　网上银行"通知存款开户"选择账号、卡号操作界面

(2) 在选择点击"通知存款开户"按钮后,填写账号或卡号、通知种类、开户金额和电子银行密码。点击"确定"按钮后,完成通知存款开户(如图 137 所示)。

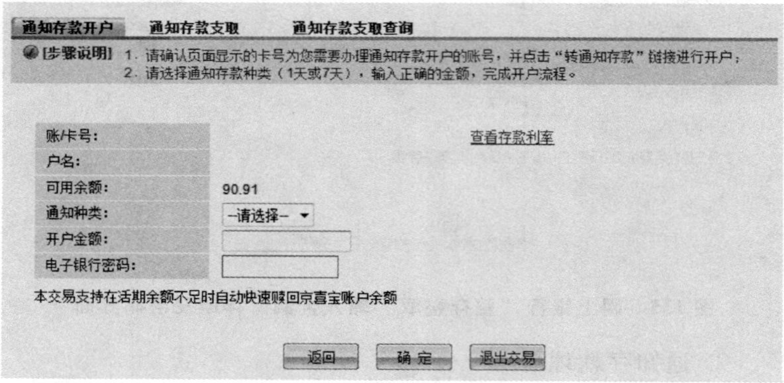

图 137 网上银行"通知存款开户"通知种类、金额及密码操作界面

(二) 个人网上基金

网上基金为用户提供了基金签约管理、基金买入、基金赎回、基金转换、变更分红方式、查询基金相关信息和查询基金交易记录等功能。

1. 基金签约

(1) 用户通过网上银行平台进行基金理财,应在"基金签约"页面阅读代销基金业务风险揭示书后,点击"同意"按钮(如图 138 所示)。基金签约时可以进行修改和解约。为了减少用户的风险,在进行基金购买前,银行会让用户先完成个人用户购买基金产品风险评估问卷。

中篇　网上银行业务及其使用　　131

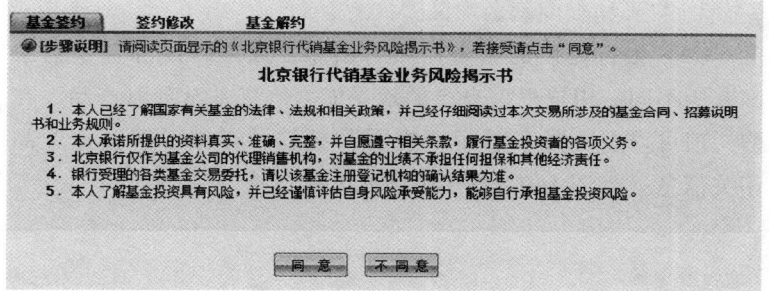

图138　网上银行"基金签约"风险揭示书页面

（2）接下来，用户选择对账单发放方式，发送频率等信息后，点击"下一步"，完成基金签约（如图139所示）。

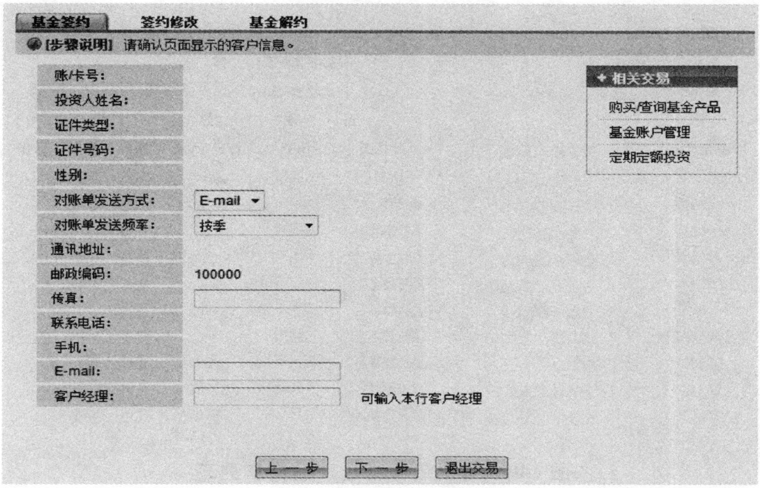

图139　网上银行"基金签约客户信息确认页面"

2. 购买和查询基金产品

（1）银行提供的基金产品有很多，风险程度和资金需求都有所不同。用户根据自己的承受能力购买基金理财产品。在购买前可以点击费率下面“查看”按钮，详细了解基金产品相关信息（如图 140、图 141 所示）。

新品推荐(认购期)　　基金公司联系方式

基金代码	基金简称/资讯	基金公司	基金类型	发行期	费率	操作
003145	中融竞争优势	中融基金管理有限公司	股票型基金	20160808--20160902	查看	认购
003161	南方安泰养老	南方基金	混合型基金	20160822--20160920	查看	认购
003171	信达慧理财	信达澳银	货币基金	20160829--20160909	查看	–
519619	银河君荣混合A	沪市TA	混合型基金	20160826--20160914	查看	认购
519620	银河君荣混合C	沪市TA	混合型基金	20160826--20160914	查看	认购

正在热销(申购期)

基金公司：全部　　网银折扣费率：全部

基金类型：全部　　名称或代码：　　查询

12345>>【第1页/共56页】【共计1106支】

基金代码	基金简称/资讯	基金类型	币种	昨日净值	费率	操作	操作
000331	中加货币A	货币基金	人民币	1.0000	查看	申购	–
000332	中加货币C	货币基金	人民币	1.0000	查看	申购	–
000552	中加纯债一年A	债券型基金	人民币	1.1380	查看	–	–
000553	中加纯债一年C	债券型基金	人民币	1.1270	查看	–	–
000914	中加纯债分级A	债券型基金	人民币	1.0086	查看	–	–
000915	中加纯债分级B	债券型基金	人民币	1.4170	查看	–	–
001537	中加改革红利基金	混合型基金	人民币	1.0788	查看	申购	定投
002027	中加心享混合A	混合型基金	人民币	1.0341	查看	申购	–
002440	中加心安保本混合	保本型基金	人民币	1.0238	查看	申购	–
002533	中加心享混合C	混合型基金	人民币	1.0195	查看	申购	–

图 140　网上银行基金产品销售列表

中篇　网上银行业务及其使用　133

基金代码	基金名称	交易名称	适用范围	柜台费率
003145	中融竞争优势	认购	100万元≤M<300万元	0.80%
003145	中融竞争优势	认购	300万元≤M<500万元	0.60%
003145	中融竞争优势	认购	M<100万元	1.20%
003145	中融竞争优势	申购	100万元≤M<300万元	1.00%
003145	中融竞争优势	申购	300万元≤M<500万元	0.80%
003145	中融竞争优势	申购	M<100万元	1.50%
003145	中融竞争优势	赎回	1年≤N<2年	0.25%
003145	中融竞争优势	赎回	30日≤N<1年	0.50%

图 141　网上银行基金费率详情界面

（2）点击操作下面的"认购"按钮，在弹出的相关页面上面输入认购金额，点击"下一步"按钮，完成基金的认购（如图 142 所示）。当认购的基金品种比较多时，可以通过历史交易查询、当日委托查询、我的基金和基金账户管理等功能模块进行基金日常管理。

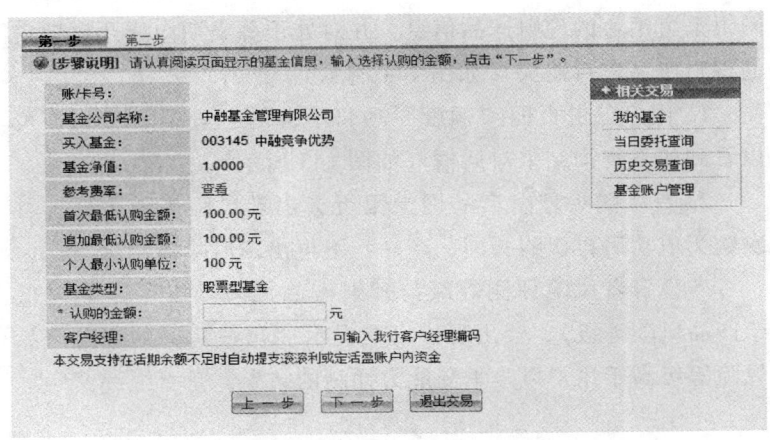

图 142　网上银行基金"认购"相关页面

(三) 查询式认购理财产品

选择借记卡后系统可查询和购买理财产品（如图 143 所示），可购买的理财产品与借记卡开卡行有关，不同开卡行下的借记卡可能显示不同的理财产品。

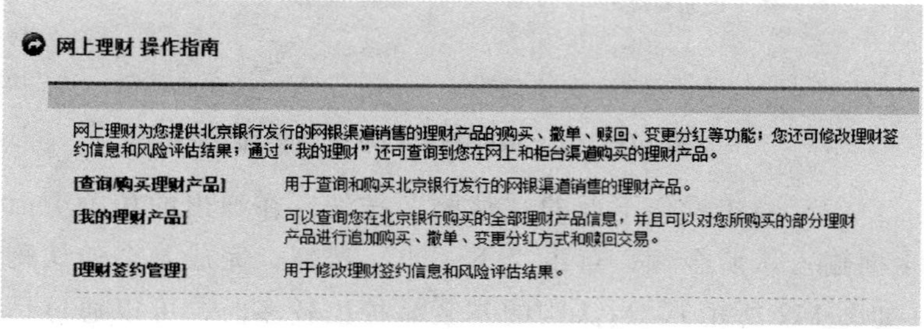

```
◎ 网上理财 操作指南

网上理财为您提供北京银行发行的网银渠道销售的理财产品的购买、撤单、赎回、变更分红等功能；您还可修改理财签
约信息和风险评估结果。通过"我的理财"还可查询到您在网上和柜台渠道购买的理财产品。

[查询购买理财产品]    用于查询和购买北京银行发行的网银渠道销售的理财产品。
[我的理财产品]        可以查询您在北京银行购买的全部理财产品信息，并且可以对您所购买的部分理财
                      产品进行追加购买、撤单、变更分红方式和赎回交易。
[理财签约管理]        用于修改理财签约信息和风险评估结果。
```

图 143　网上理财操作指南页面

进入网上银行理财界面后，用户可以查询商业银行发行的网银渠道销售的理财产品信息，并对处于募集期内或开放期内的理财产品进行购买（如图 144 所示）。

1. 用户点击页面"额度"项目下面的"查询"按钮，可以看到如下查询结果对话框（如图 145 所示）。

2. 首次购买理财产品网上银行会出现风险提示页面，首次购买成功后再次购买同一产品，不再出现风险揭示页面。

若投资者风险评测等级与理财产品风险等级不匹配（低于产品风险等级），会出现弹出框提示"用户购买的理财产品风险等级高于用户风险承受能力评测的结果，是否继续？"点

预期收益型产品　净值型产品 NEW

产品代码和名称	收益类型	币种	风险等级	起购金额	预期收益率	剩余天数	操作	额度
G011209150 个人天天盈1号	非保本浮动收益	人民币	★★	50000.00	–	开放期	购买	查询
G011209152 个人天天盈3号	非保本浮动收益	人民币	★★	1000000.00	–	开放期	购买	查询
G011005001 个人天天金1号	保本浮动收益	人民币	★	50000.00	–	开放期	购买	查询
G011204108 个人天天金6号	保本浮动收益	人民币	★	200000.00	–	开放期	购买	查询
G011204109 个人天天金7号	保本浮动收益	人民币	★	500000.00	–	开放期	购买	查询
G011201080 个人天天金5号	保本浮动收益	人民币	★	2000000.00	–	开放期	购买	查询
P011008001 个人天天金2号	保本浮动收益	人民币	★	10000000.00	–	开放期	购买	查询
P011012001 个人天天金3号	保本浮动收益	人民币	★	30000000.00	–	开放期	购买	查询
PBRFW01001 周盈金1号	非保本浮动收益	人民币	★★★	100000.00	–	理财期内	预约购买	–
PBRFW01002 周盈金2号	非保本浮动收益	人民币	★★★	100000.00	–	理财期内	预约购买	–
CI01M01001 月月添金1号	非保本浮动收益	人民币	★★	50000.00	–	理财期内	预约购买	–
CI01M01002 月月添金2号	非保本浮动收益	人民币	★★	50000.00	–	理财期内	预约购买	–
CI01M03001 季季添金1号	非保本浮动收益	人民币	★★	100000.00	–	理财期内	预约购买	–
CI01M03002 季季添金2号	非保本浮动收益	人民币	★★	100000.00	–	理财期内	预约购买	–
CI01M03003 季季添金3号	非保本浮动收益	人民币	★★	100000.00	–	理财期内	预约购买	–

图 144　网上银行理财产品信息界面

查询详情

[查询结果]

您查询的产品名称：个人天天盈1号，产品代码：G011209150。该产品目前还留有额度，请您尽早购买。由于产品额度会随客户购买量的增加而减少，因此请以实际购买时确认的金额为准。

关　闭

图 145　网上银行理财产品额度查询详情界面

击"确定"后方可继续认购,若产品风险等级等于或低于投资者风险评测等级,将不进行提示。认购金额需大于等于起点金额,并小于等于单笔最高金额,同时应为递增金额的整数倍。认购产生的手续费采用内扣方式。认购委托成功提交后,认购资金被冻结。认购资金在扣款之前按活期存款计息,清算后扣款。账户可用余额显示的是账户余额扣除被冻结资金之后的余额。

每只理财产品交易时间不同,非交易时间内不能完成认购交易,交易时间段可在点击产品名称弹出的"单只产品信息"页面中查询,并通过网上银行完成理财产品的认购。

(四) 网上银行赎回理财产品

产品存续期内对其通过网银渠道和柜面渠道成功购买的理财产品提交赎回委托,提交成功之后可在"理财产品撤销"中查询交易记录。

理财产品的赎回采取"份额赎回"方式。封闭式理财产品不支持赎回交易,开放式产品支持全部或部分赎回。赎回列表中的"持有份额"显示的是用户当前实际持有的产品份额。对于同一笔交易每个清算日只可通过网上银行提交一次赎回申请,若需对同笔交易再次提交赎回委托,需先对原赎回委托进行撤销。点击"查看"说明书,对于电子银行综合管理系统已经维护的产品,将直接链接至该理财产品发售公告页面,用户可以点击页面中的链接阅读该产品说明书;对于尚未维护进系统的产品,点击查看说明书将链接至全部理财产品发售公告列表页面,用户可以选择产品并查看说明书。

(五) 网上银行理财产品的撤销

在网上银行端发起的且尚未清算的理财交易（包括认购、申购和赎回等）可以申请撤销，其他渠道发起理财交易的撤销不能通过网上银行的撤销功能实现；网上银行端发起的尚未清算的交易也可以在柜面端申请撤销；已清算的交易不可撤销对认购、申购委托进行撤销，撤销成功后账户被冻结的资金即被解冻。非交易时间内不可进行撤销操作，撤销按钮显示为灰色。撤销页面的"撤销原因"选填，最大支持50个字符。

在网上银行理财产品功能，可根据账号按时间顺序显示所选时间段内已实现理财交易（包括认购、申购、赎回、派息、还本等）的明细记录，查询时段可自行设置，但截止日期不得晚于当前日期。日期间隔最长不超过一年，系统默认日期间隔为当前日期前1个月。最长可查询3年内的交易明细记录（以上为北京银行期限规则，各银行限期规则略有不同）。

十一、个人手机银行业务开通（以北京银行个人手机银行为例）

手机银行是利用移动通信网络及终端办理相关银行业务的简称。作为一种结合了货币电子与移动通信的崭新服务，移动银行业务不仅可以使人们在任何时间、任何地点处理多种金融业务，而且极大地丰富了银行服务的内涵，使银行能以便利、高效而又较为安全的方式为其用户提供传统和创新的服务。

个人手机银行业务具有随身便捷、申请简便、功能丰富、

支付宝　网银　微信支付

安全可靠的优势或特征。用户可以在办卡时要求工作人员开通手机银行业务，其中有的银行会给用户口令卡，在用手机银行进行简单支付时使用。有些商业银行在开通手机银行时要收取少量的服务费。

目前，个人手机银行为个人用户提供的服务主要是通过手机办理账户管理、转账汇款、缴费、消费支付、理财投资等自助金融服务。

（一）下载与安装手机银行

开通手机银行后，需要用户自己设置登录密码，以便在今后登录手机银行时使用。登录密码设置不要过于简单，但也要设置个比较容易记住的。设置完登录密码后，还要登录手机银行进行激活。首先要确保手机已经连上网络（可用 Wifi 无线上网或者手机 wap），并下载手机银行用户端。

1. 当搜索到手机银行官方版免费下载后，点击即可下载。切记，不要随便点击非官方的用户端。下载完成后找到应用程序并打开。输入用户名（即银行卡号）和登录密码，成功登录后即激活了手机银行。这时用户不仅可以查询自己银行卡的余额，还可以尝试使用手机银行的其他功能。

使用 iPhone 手机的用户，需要点击图标 App Store 中的标有软件名称的用户端下载地址点击后下载到手机；使用安卓系统手机的用户可以在手机网页浏览器中输入下载地址后进入下载页面，在选择手机类型后点击"下载"按钮，将软件安装到手机。使用电脑操作的用户在进入相关软件下载方式选择后，点

中篇　网上银行业务及其使用　139

击"立即下载"按钮，进入相关操作页面（如图 146 所示）。

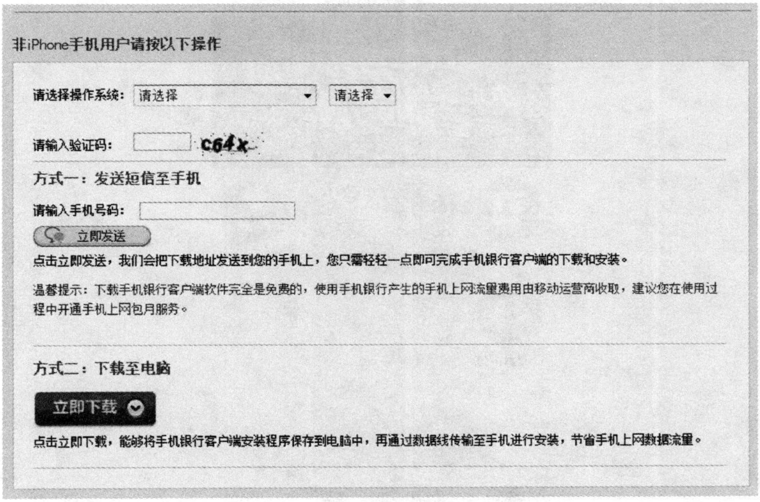

图 146　非 iPhone 手机用户下载手机银行客户端操作界面

2. 用户根据手机屏幕显示的安装提示进行安装操作。用户如果在银行没有注册手机银行用户的，可以选择点击"方式一"或"方式二"进行软件下载，并根据向导进行注册。安装完毕后点击"进入手机银行"操作页面，用户会看到"账户查询"、"转账汇款"、"我的资产"、"手机充值"、"京彩云闪付"等快捷方式（如图 147 所示）。

（二）个人手机银行账户查询

个人手机银行账户查询功能主要包括有账户查询、余额查询、当日明细查询、历史明细查询、工资明细查询、注册卡维

支付宝　网银　微信支付

图 147　北京银行手机银行首页

护、账户挂失、默认账户设置、我的住房公积金、账户添加、账户撤销、别名设置、默认账户设置、账户挂失、停用或启用副卡、设置副卡额度等功能模块。其中，账户添加功能可以添加本人名下的银行卡账户。追加成功的账户为非签约账户，拥有非签约账户相应的服务功能。

1. 用户打开"账户查询"菜单，可以看到包括"账户查询"、"历史明细查询"、"工资明细查询"和"爱薪卡优惠升级"服务等具体功能显示。点击" > "符号可以直接进入相关查询界面(如图148所示)。

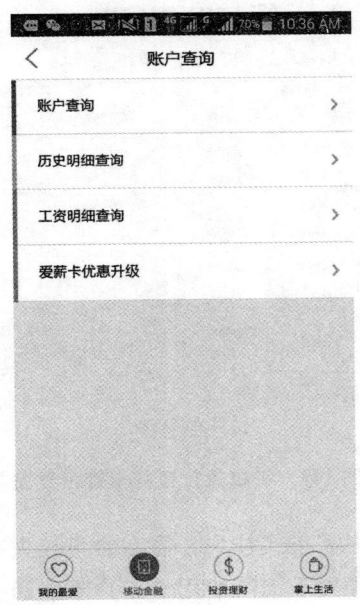

图148 北京银行手机银行"账户查询"界面

2. 在银行卡管理界面会显示账号,包括"挂失"、"限额管理"、"修改电子银行密码"和"添加银行卡"等具体使用功能。用户可点击或勾选后进入(如图149所示)。

若用户通过手机银行办理挂失账户,则应该知道账户挂失功能主要是对签约和非签约账户办理紧急挂失。紧急挂失有效

图 149 手机银行银行卡管理界面

期为 5 天。如用户需正式挂失，需在紧急挂失有效期内前往银行网点办理正式挂失手续。信用卡账户不能通过手机银行此功能办理账户挂失。

  3. 用户在紧急挂失界面（如图 150 所示），须输入电子银行密码，并点击"确认"，完成紧急挂失。

  4. 若用户需要修改电子银行密码，则点击"修改电子银行密码"。在弹出的相关界面里（如图 151 所示），输入旧密码和新密码，进行新密码确认，获取动态密码。完成后，点击"确认"，完成修改电子银行密码。

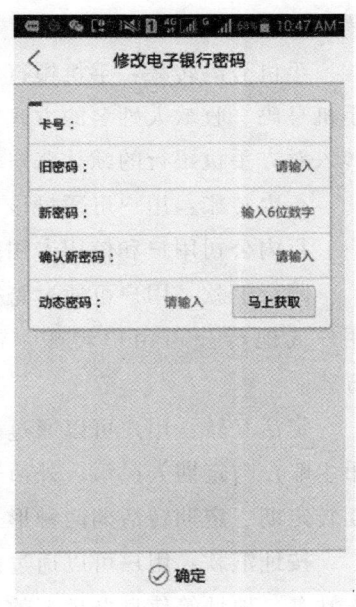

图 150　余额宝紧急挂失界面　　图 151　余额宝"修改电子银行密码"界面

十二、个人手机银行转账汇款业务

（一）个人手机银行功能简介

个人手机银行转账汇款功能包括：签约账户转账、手机号码转账、行内转账、跨行汇款、定活互转、按址汇款、密码汇款、汇款查询、收款人名册、汇兑业务状态查询。

签约账户转账：用户可以通过该功能实现本人名下两个签

约账户之间的转账。

手机号码转账：手机银行非自助注册用户通过输入收款方手机号码、收款人姓名的方式，将本人手机银行签约账户资金转入对方手机银行的默认账户。

行内转账：用户可通过该功能为同城或异地的行内个人用户、行内公司用户和信用卡用户转账。

跨行汇款：用户可通过跨行汇款为同城或异地的他行个人用户或他行公司用户转账，包括普通入账与实时入账两种方式。

定活互转：用户可以通过手机银行将卡内活期人民币、外币主账户与定期人民币、外币子账户之间的资金转换，包括活期转定期、定期转活期两种形式。

按址汇款：用户可以通过此功能实现按汇款人提供的收款人姓名、地址等信息办理汇款及申请退汇、改汇等业务。

密码汇款：用户可以通过此功能实现向全国任一地址进行凭密码取款的汇款。若用户为密码汇款收款人，可以直接通过手机银行的密码汇款申请兑付功能将款项结转到用户已开通的手机银行本币结算账户中。

收款人名册：用户可以通过此功能对行内转账、跨行普通汇款、跨行快速汇款、手机号码转账、按址汇款的历史收款方记录，进行增加、查询、修改和删除操作。

汇兑业务状态查询：用户办理按址汇款、密码汇款业务后，凭汇票号码查询手机银行渠道汇出的汇款兑付状态信息。

(二）个人手机银行转账汇款操作流程

1. 用户进行手机银行转账汇款，须进入"跨行快速汇款"页面，核对转出卡号，输入收款账号、收款银行名称、收款人姓名、转账金额、用途、电子银行密码信息后，点击"下一步"按钮（如图152所示）。

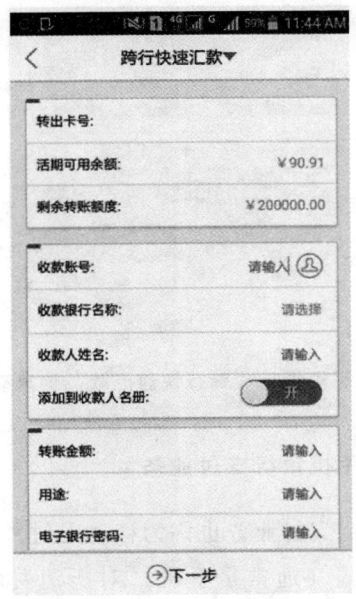

图152　手机银行"跨行快速汇款"信息输入界面

2. 用户核对并确认信息后，输入动态密码，点击"确定"按钮，完成跨行快速汇款业务（如图153所示）。

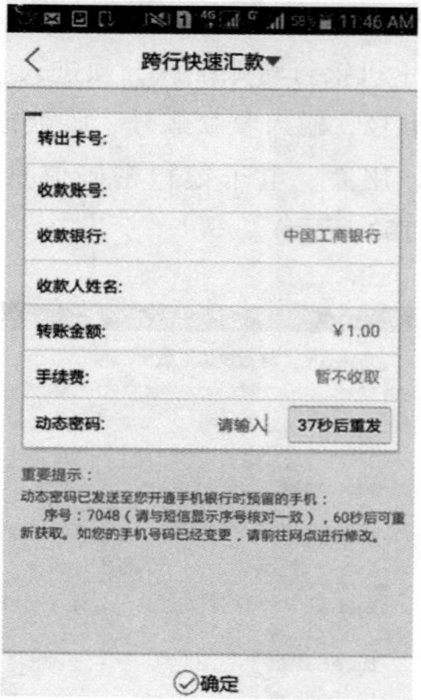

支付宝　网银　微信支付

图 153　手机银行"跨行快速汇款"信息确认界面

十三、个人手机银行支付业务

个人手机银行支付业务也称为移动支付，是指允许移动用户使用其移动终端（通常是手机）对所消费的商品或服务进行账务支付的一种服务方式。用户只需开设一个手机支付账户，用户可通过该账户可以进行远程购物（如互联网购物、缴电话费、水费、电费、燃气费及有线电视费等）。开通手机支付业务后，可以使用手机银行进行现场刷卡消费。

目前，个人手机支付主要有三种方式：（1）通过手机账单收取。用户在支付其手机账单的同时支付这一费用，在这种方式中，移动运营商为用户提供了信用，但这种代收费的方式使得电信运营商有超范围经营金融业务之嫌，因此其范围仅限于有限业务，且交易额度受限；（2）从用户开通的手机银行账户（即借记卡账户）或信用卡账户中扣除，在该方式中，手机只是一个简单的信息通道，将用户的借记卡卡号或信用卡卡号与其手机号码联接起来，如果更换手机号码则需要到开户行做相应的变更；（3）无绑定手机支付。个人用户无需在银行开通手机支付功能，即可实现各种带有银联标识的借记卡进行支付，采用双信道通讯方式进行通讯，非同步传输，安全快捷，相对而言此种方式最为简单。以结算话费为例，个人手机银行支付流程如下：

1. 点击"生活缴费"功能按钮后，点击"话费"图标，选择运营商。输入缴费电话号码后，点击"下一步"按钮（如图154所示）。

2. 核对"话费"缴费页面显示的确认信息，点击"确定"按钮，完成缴费过程（如图155所示）。

十四、个人手机银行理财服务

目前，个人手机银行能提供基金、理财、储蓄理财、贵金属、手机保险、第三方存管、理财工具等丰富的投资理财功能。

图154 个人手机银行"生活缴费"功能页面　　图155 个人手机银行"话费"缴费信息确认页面

1. 基金

用户可办理开放式基金交易账户开户、基金认购、申购、赎回、定投、转换、基金分红方式变更、指定日期交易、定期定额赎回、基金定投申请修改、浮动盈亏试算、基金信息及交易查询等业务。支持7×24小时挂单撤单（定期定额申购除外），以及7×24小时基金持仓信息、交易和分红记录查询。用户可以全天候完成认购、申购、赎回、转换、变更分红方式、查询、登记TA账号、基金交易账户开户、撤单等全部基金交易委托。用户在交易时间（每周一至周五9:00~15:00，认购截止时间为16:00）以外时点所做交易系统将会视为下一日交易。定期定投交易须在交易时间内完成。

2. 贵金属

用户可通过该功能选择人民币、美元两种结算货币进行黄金、白银买卖，并可进行账户贵金属交易账户设定、交易信息查询等操作。查询并撤销个人手机银行发起的委托交易，查询当日及12个月内的账户贵金属买卖成交状况。贵金属的服务时间是：每周一7:00~周六凌晨5:00（纽约夏令时），每周一7:00~周六凌晨6:00（纽约冬令时）。

3. 手机保险

用户可通过该功能查询在售保险产品、在线投保、缴纳保费，还可查询已持有的保单和历史交易记录，并对满足条件的保单进行续保、撤保、退保。

4. 第三方存管

用户可通过该功能实现资金在银行结算账户与证券保证金账户之间的划转，以及查询证券保证金账户信息、交易历史信息等。转账服务时间为证券公司工作时间，账户查询服务时间为证券交易日8:30~16:40。

以购买基金为例，个人手机银行理财操作流程如下：

1. 用户进入手机银行"基金"界面。在该界面用户可以进行基金购买、查询已购买到的基金、交易查询、对基金账户进行管理和定投管理等项操作。用户点击相应功能名称后面的">"的符号就可进入相关操作（如图156所示）。

2. 用户点击"购买基金"后的">"按钮，进行基金品种选择后，点击产品名称后面的购买图标（如图157所示）。

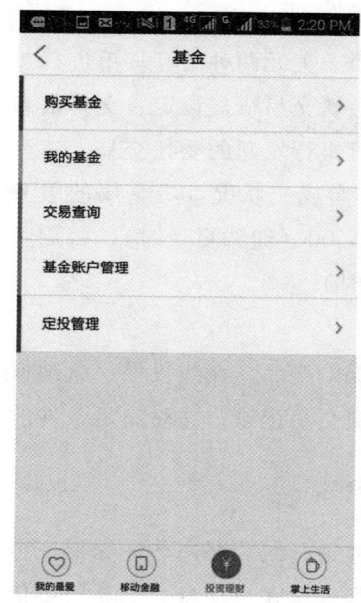

图156　个人手机银行"基金"界面

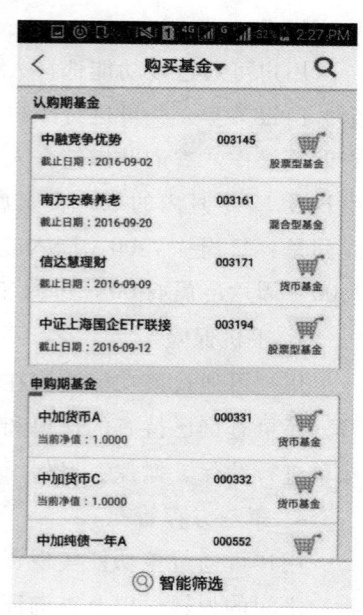

图157　个人手机银行"购买基金"界面

3. 用户在仔细阅读相关产品信息后，若有意购买，点击屏幕下方的"购买"图标（如图158所示）。

4. 在确认购买信息界面，用户输入认购金额和电子银行密码后,点击"确定"按钮,完成基金购买过程(如图159所示)。

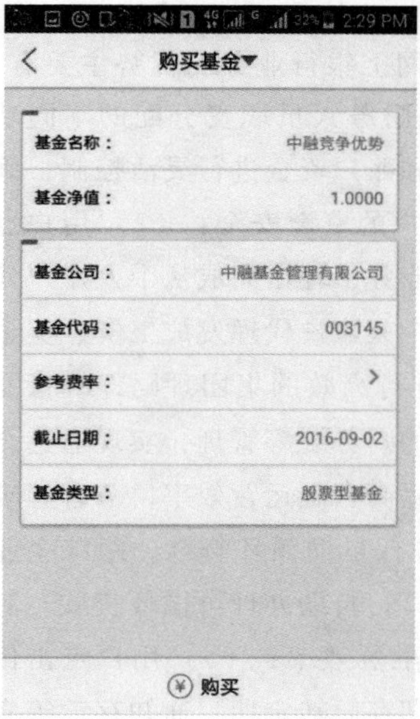

图 158　个人手机银行"购买基金"产品信息介绍界面

图 159　个人手机银行"购买基金"信息确认界面

十五、企业网上银行业务开通

目前企业网上银行可实现账户管理、收付款管理、跨行收款、批量转账、预约转账、同名账户互转、代发工资、集团服务、企业管理台、用户服务等多种功能服务。而且通过网上银行,企业用户可以强化自身的财务管理,缩短日常业务办理时间，提高企业资金营运效率，节约企业运营成本，实现企业财富的不断增值。

从目前实践来看，企业开通网上银行业务的优势主要有：（1）用户轻松点击鼠标即可根据财务人员职责分配的不同功能角色和账户权限，对账务流程和账户资金进行灵活控制，确保财务人员的合规操作和企业账户的资金安全；（2）用户点击鼠标即可办理便捷的代收代付业务，轻松完成从个人账户代理扣收各类应缴费用，也可以向个人账户代理发放工资、奖金等等；（3）用户点击鼠标即可进行高效的集团理财，轻松完成集团内部总公司对分公司资金的财务统筹管理，实现通达全国的资金实时结算，最大程度地提高资金运营效率，节省管理成本；（4）用户点击鼠标即可进行自助循环贷款，跟踪企业贷款交易情况，进行贷款利息试算，自助办理可循环贷款，简化贷款业务办理手续，提高企业融资效率；（5）用户点击鼠标即可投资定期存款转活期、活期存款转定期、通知存款等多种对公理财产品，投资标的丰富，轻松进行一站式理财。企业网银开通的基本操作步骤如下：

1. 用户持企业证件（营业执照副本、事业单位法人证书或组织机构代码证副本）、经办人身份证件及企业授权书（授权经办人办理相关手续）等向当地商业银行申请，签订《网上银行企业用户服务协议》，并填写书面的"网上银行企业用户申请表"，到账户的开户银行办理网上银行的签约登记手续。银行将分配一个唯一的用户识别号，此用户识别号为企业用户登录网银系统时必须使用的。其中企业证件及经办人身份证件须由银行留存复印件。

2. 用户申请成功后次日，登录商业银行网站，点击"网上银行服务"。

3. 选择"证书下载——简版企业银行证书"，输入用户的用户识别号与证书下载密码（默认为签约时登记证件号码的后六位），自行下载用户端证书。点击"确定"后，页面显示证书号和登录密码（用户须记录下来备用），点击"下载证书"，在弹出的页面选择"生成证书"，根据页面提示生成证书即可。证书下载成功后即可登录商业银行网站，点击"网上银行服务"，使用简版企业用户服务。登录商业银行网站，并点击"网上银行服务——简版企业银行"。

4. 账户签约并成功下载证书后，用户即可使用网上银行。用户下载证书后，应及时备份一份到软盘或其他介质中，便于证书损坏或丢失时重新导入。

十六、企业网上银行账户信息管理

（一）账户管理

企业可通过网上银行对已注册账户进行余额查询、明细查询等操作，并可查询已注册账户在网上银行进行的所有金融性交易的当前状态，实时掌控企业账户资金动向。账户管理功能适用于各类企业用户。账户管理功能可以为企业用户提供 7×24 小时服务。

用户使用企业网上银行账户信息管理的注意事项主要有：（1）多账户余额查询时，最多只能同时查询20个账户；（2）不同币种账户一起查询余额时，系统分币种进行余额合计；（3）只能选中一个账户进行明细查询；（4）查询的起始日期和截止日期之间间隔不能超过2个月；（5）查询账户明细时，在输入框中输入待查询账户账号的任意连续几位数字或者账户名称的任意连续几个汉字，可以模糊查询选择账户；（6）查询网银交易时，点击记录中的状态，显示该笔（批）交易的详细信息。

（二）电子回单

电子回单功能主要为企业用户提供网银付款交易电子回单的查询、下载、打印和补打以及验证功能。主要服务于需要了解网银交易明细、验证网银交易真伪以及获取交易凭证的企业用户。主要优点有：（1）信息详细丰富。电子回单记载了企业网上付款交易的各种详细交易信息；（2）认证真实可靠。电子回单加盖了银行电子回单专用章，并且标注了电子回单号和验证码，以确保电子回单的真实性和可认证性；（3）使用方便快捷。电子回单提供 7×24 小时全天候账户电子回单查询功能，可以轻松完成各类交易的企业账务处理。

用户使用电子回单应注意以下事项：（1）若是补打电子回单，请勿重复记账；（2）此回单不作为收款方发货依据；（3）每笔交易的电子回单的回单号是唯一的，而回单验证码不唯一，每次打印时都会重新生成新的回单验证码。

（三）银企对账

用户可通过企业网上银行获取账户余额对账单，对账户余额进行确认，并提交对账结果，并可在线完成银企对账。银企对账管理的优势有：（1）省去了对账单打印及其在银行与用户之间传递的环节，用户只需要登录企业网银即可完成对账，方便高效；（2）企业网银采用 PKI 公钥体系结构、128 位 SSL 安全通信协议、动态密码键盘等国际先进技术，用户使用无法复制的电子证书办理业务，从根本上保证对账信息和账户资金安全。

用户可以 7×24 小时使用企业网银进行银企对账。为保证用户的账户资金安全，用户须在银企对账单生成后的 1 个月内完成对账。

十七、企业网上银行汇款业务

企业网上银行汇款业务功能一般包含单笔委托、批量委托、修改、复核、授权、撤销、查询、新增收款人、查询或维护收款人等子功能，用于在线提交转账汇款指令，实现资金从一个账户向另一个账户（包含同行系统内账户或其他银行账户）的汇款。

1. 若用户进行单笔委托，须在线填写单笔转账委托申请书。该功能的具体步骤如下：

（1）点击"转账汇款——转账汇划——单笔委托"项，进入"新建转账委托申请书"项。付款人名称和账号及开户行是必填项，可通过下拉框选择。收款人名称和账号及开户行是必填项，用户可通过新增收款人功能进行维护，或点击添直接填写收款人，添加的收款人信息将自动保存在收款人信息清单中。如收款人信息不足10条，可通过下拉框形式选择；如收款人信息超过10条，则须点击签约账户进行搜索。付款货币是必填项，系统根据操作员选择的付款账号自动填写。付款金额是必填项，单笔付款金额不能超过用户设置的单笔限额或银行对用户所选安全认证工具规定的单笔限额；当日累计付款金额不能超过用户设置的单日限额或银行对用户所选安全认证工具规定的单日限额。初次提交日期是由系统自动生成，即创建转账委托申请书的日期。付款日期是必填项，格式为"yyyy／mm／dd"，系统默认为当前日期。用户可根据实际需要指定操作当日或未来的某一非法定节假日作为付款日期，系统将按用户指定的日期进行付款处理。同时指定付款日期须在初次提交日期起1个月内，可点击弹出的日期选择窗口选择日期。

　　用户业务编号是非必填项，用户可根据业务管理需要自行编定。系统判断当年内输入的用户业务编号是否重复，如果重复，系统会提示"用户业务编号重复，请修改"。银行处理优先级是非必填项，系统默认为普通，如选择特急，银行将予以优先处理，并根据人民银行规定加收30%的汇划费用。用户处理优先级是非必填项，系统默认为普通，如选择特急，该笔业务将在下一位操作员待处理业务队列中优先显示；附言及用途是非必填项，用户可自行填写，长度为9位中文或18位字母以内；支付费用账号是非必填项，系统默认为空，表示以付款账户支付相应费用。用户可从下拉框中指定付费账户,付费账户须与付款账户在同省开户。

(2)用户填写"新建转账委托申请书"后,点击"提交"按钮,进入单笔转账委托结果项,系统会提示转账委托指令已提交成功,并反馈该笔交易的用户申请号。

2. 若用户进行批量委托,须批量提交转账委托申请,用户可进行批量委托文本文件的上传和查询(如图160所示)。该功能的具体步骤如下。

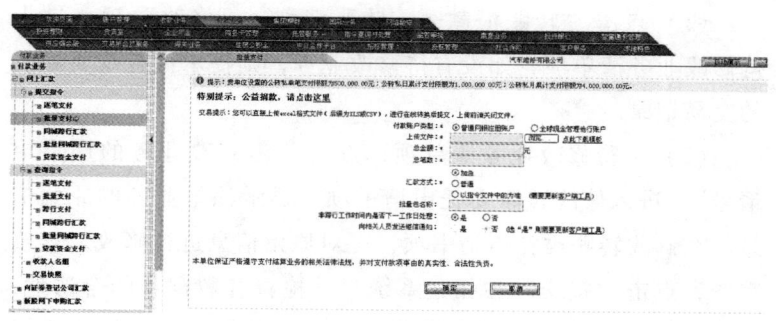

图160 企业网上银行批量支付操作界面

(1)点击"转账汇款——转账汇划——批量委托"项,进入批量文件上传项。

(2)在批量文件上传项,点击"浏览"按钮,选择批量委托数据文件,点击"打开"按钮。选定批量上传文件后,点击"上传"按钮,提交批量委托。系统将自动进行批量委托文件的上传,逐笔检查各数据项的合法性,上传文件完成后，系统将提示批量委托文件的批次号，以便用户查询使用。

（3）在批量文件上传项，输入批量委托文件的批次号，点击"查询"按钮，查询该批次号文件的处理结果。在批量文件查询结果项，点击"批次号"，进入该批业务的明细项，系统会显示批次号、操作员、总笔数、总金额、处理日期等信息。

3. 若用户进行修改交易，对复核退回或授权退回的业务进行修改，修改完毕并提交后，该笔业务状态为待复核或待授权。该功能的操作流程如下。

（1）点击"转账汇款——转账汇划——修改"项，进入待修改业务清单项，如没有待修改业务，则提示没有需要修改的交易记录。

（2）在待修改业务清单项，点击"需修改业务的用户申请号"，进入修改转账委托申请书项，显示该笔业务的原始信息。在修改转账委托申请书项，可对原始信息进行修改。修改完毕，点击"提交"按钮，系统自动检查各数据项的合法性，如填写有误，系统将提示错误信息，无误时提示"转账委托申请书已经修改成功！"在修改转账委托申请书项，可对该笔交易的经手人信息进行查询，也可查看留言板内容或在留言板内输入留言信息。

4. 复核功能为可选功能，用以对委托人新建或修改后提交的转账委托进行复检和审核，并做出复核确认、复核退回或复核拒绝等操作。复核人不能直接对业务信息进行修改，如欲修改业务信息，可选择复核退回将业务退回给委托人修改。

（1）点击"转账汇款——转账汇划——复核"项，进入待复核业务清单项。如没有待复核业务，则提示没有需要复核的业务。

（2）在待复核业务清单处，选择一笔或几笔待复核业务，选择"复核通过"、"复核退回"或"复核拒绝"等复核意见。其中，"复核通过"表示认可所选业务。复核通过的业务将交由相应授权人员进行授权操作。"复核退回"表示所选业务的部分内容有误，须退回经办人员修改。复核退回的业务列示在修改委托业务清单中。复核退回后，该笔业务所占用的指定付款日的限额将被释放。"复核拒绝"表示所选业务提交有误，需终止。"复核拒绝"的业务可在查询功能下进行查询。"复核拒绝"后，该笔业务所占用的指定付款日的限额将被释放。在待复核业务清单项，选择复核意见，点击"提交"按钮，系统提示本次共处理业务笔数、总金额。点击"确定"按钮，进入复核结果项。

5. 授权转账汇款服务在操作员、账户、功能和权限组合的基础上，用户可根据财务管理制度灵活定制授权模式，针对特定的付款账户，在授权级别、金额权限、操作员权限和授权顺序等各个方面进行组合。

（1）授权级别是用户可根据实际需要，设定授权级别并可限定同一授权级别有效授权的人数。授权级别表示特定的付款账户最多需要授权的级数。

（2）金额权限是付款账户授权级别的标识，用以划分付款账户的不同授权级别。最高授权级别的金额权限即为该付款账户的最大付款权限。对于特定的一笔付款业务，通过付款账户的授权级别和每一级别的金额权限最终确定该笔业务的授权级数。

（3）操作员权限是对特定付款账户确定授权操作的操作员，并确定该操作员的授权级别。同一付款账户的同一授权级别内可以设置多个操作员，按照授权级别中限定的人数，授权操作达到限定的人数即可完成该级别授权；同一操作员对于同一笔业务只能授权操作一次，操作成功的业务将不显示在该操作员的待授权业务清单中；最后一个操作员授权操作并根据系统提示再次确认后，该业务将正式提交给银行。

（4）授权顺序是用户可限定账户的授权操作是否严格按照授权级别由低到高的顺序进行。如顺序授权，只有低级别授权后，高级别才能进行授权操作；同一级别多人授权时，同级别内不分先后；如非顺序授权，则不限定授权顺序。无论授权顺序或级别，只要操作员进行了授权退回或授权拒绝操作，该业务即被退回或拒绝。

用户对委托或复核后的转账委托申请书进行授权通过、授权退回或授权拒绝等授权操作；某笔业务的最后一位授权人授权后需再次确认，确认并输入动态口令后，业务将正式提交给银行处理。无论是否限定授权顺序，只要一位授权人员进行了授权退回或授权拒绝操作，该业务即被退回或拒绝。

（1）对于非正常待授权业务，用户点击"转账汇款——转账汇划——授权"，如存在指定付款日期早于当前日期的业务,将进入非正常待授权业务清单项。在非正常待授权业务清单中选择一笔或几笔业务,也可以全选。"确定"表示同意修改该笔业务的付款日期为系统当日日期,该业务自动转入待授权业务清单中。"拒绝"表示拒绝该笔业务,该笔业务自动删除,拒绝的业务可在"转账汇款——查询功能"中查询。"继续"表示对此页面的业务不做操作,直接进入待授权业务清单项。

(2)对于待授权业务,用户点击"转账汇款——转账汇划——授权"项,如有非正常待授权业务时,直接进入"待授权业务清单"项。可通过输入查询条件,包括:付款账号、收款人名称(可模糊查询)、提交起始日期、提交截止日期对待授权业务清单进行筛选。而后,在待授权业务清单项下点击用户申请号,进入待授权业务明细项。在待授权业务明细项或待授权业务清单项,均可对交易进行授权操作。

6. 撤销功能用以撤销用户提交到银行但银行还未开始处理的支付指令。该功能操作流程如下:

(1)点击"转账汇款——转账汇划——撤销",如有处于待撤销状态的业务,点击进入"可撤销业务清单"项。

(2)在"可撤销业务清单"项,选择一笔或几笔所需撤销的业务,也可以进行全选,点击"撤销"按钮,系统会提示"用户是否确认要撤销选中的业务?"。

(3)点击"确认"按钮,所选业务即被撤销。用户可进入"已撤销业务"项,查询撤销结果业务记录。已撤销的业务被终止,可在"转账汇划——查询功能"中查询该笔业务记录；点击"取消"，可返回待撤销清单页面。如用户在点击"确认"时，所选业务已经被银行处理，系统将提示撤销失败，并会提示失败原因。

7. 查询功能用以查询用户转账汇款功能下进行的全部操作，并全程跟踪委托的交易状态，监控到账情况，还可下载数据文件以便电子对账。该功能操作流程如下：

（1）点击"转账汇款——转账汇划——查询"项，进入转账查询项。在查询功能下，可选择按编号查询和按收款人、付款人查询，按金额、日期查询和按批量委托文件上传结果查询四种模式进行查询，系统默认按金额或日期查询。

（2）选择查询模式，输入正确的查询条件，进入"转账查询结果"项。

（3）在"转账查询结果"项，点击某笔交易的用户申请号，进入"转账查询业务明细"项。

（4）在转账查询业务明细项，可对交易成功的业务打印回单，此回单仅供参考，须以银行盖章回单为准。

8. 收款人管理功能包括新增收款人和查询、维护收款人两个子功能，用以添加、查询、修改或删除收款人账户信息，从而控制资金流向，同时避免重复录入收款人账户信息，减少业务差错。

（1）若用户进行新增收款人操作，第一步，点击"转账汇款——转账汇划——新增收款人"项，进入添加收款人信息项；第二步，维护各项信息后，点击"提交"按钮，完成收款人信息维护。正确填写添加收款人信息页面的各数据项，点击提交，系统将检查各数据项的合法性。

（2）用户进行查询或维护收款人操作时，第一步，点击"转账汇款——转账汇划——查询、维护收款人"项，进入收款人查询项；第二步，输入查询条件，点击"提交"按钮，进入收款人清单项，显示符合查询条件的收款人信息，如未输入查询条件，则查询全部收款人信息。

若查询收款人信息，则在收款人清单项，点击某条收款人信息后的"查看"，进入收款人明细项，查看该条收款人的明细信息；若修改收款人信息，则在收款人清单项，点击某条收款人信息后的"修改"，进入修改收款人信息页面；若删除收款人信息，则在修改收款人信息页面，点击"删除"按键，可删除该条收款人信息。

十八、企业网上银行代收代付业务

企业网上银行代收代付一般包括实时纳税、快捷代收、快捷代发和代发工资等。省时省力，随时查询入账情况，方便快捷。

（一）实时纳税

目前，用户可通过"实时纳税"功能，在线缴纳国税和地税的税款。只要在银行开立结算账户并申请了企业网上银行，就可以在网络上实现 7×24 小时的实时纳税。用户可通过该功能进行纳税申请、授权、操作记录查询。目前企业用户可缴纳税种包括：增值税、消费税、印花税、房地产税等。企业网上银行实时纳税操作页面如图161所示。

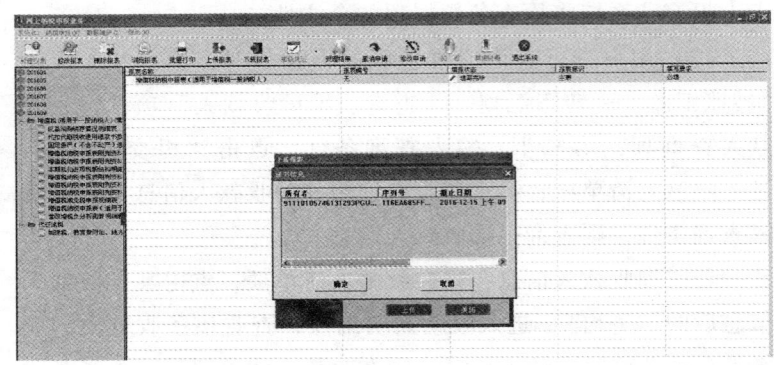

图161　企业网上银行纳税申报操作页面

（二）代发工资

企业网上银行代发工资业务通过网络为企业提供员工工资、报销款项及其他各类中国人民银行相关规定许可的代发资金的批量委托代发服务；还可为有相应需求的企业提供主动收取个人各类应缴费用的服务，加快企业资金回笼。只要在银行开立人民币账户的单一或集团企业用户，均可通过企业网上银行实现7×24小时全天候受理网上银行代发工资交易指令，并办理该项业务。

（三）快捷代收

快捷代收业务可协助企业实现主动从个人账户向企业账户扣划资金的操作，资金扣收范围包括同一家银行个人结算账户及同业其他银行账户。只要在银行开立人民币账户的单一或集团企业用户，均可通过企业网上银行实现 7×24 小时全天候受理网上银行快捷代收交易指令，办理该项业务。

快捷代收业务可实现为学校代收学生的学费、为保险公司代收投保人的保费、为电信公司代收电信用户的通讯费等。

（四）快捷代发

快捷代发业务实现企业用户在线完成工资代发、其他款项代发等操作，处理时效性高、实现混合卡提交、大批量上传等功能，操作便捷。只要在银行开立人民币账户的单一或集团企业用户，均可通过企业网上银行实现 7×24 小时全天候受理网上银行快捷代发交易指令，办理该项业务。快捷代收和快捷代发业务与代发工资在同一界面。

十九、企业网上银行付款业务

（一）付款录入

1. 单笔付款。用户进行单笔付款交易，其转账类型包括同城同行转账、同城他行转账、异地同行转账、异地他行转账交易。操作步骤如下：

（1）用户点击"企业付款——付款录入——单笔付款"菜单进入"单笔付款"页面。用户点击付款账号右边的下拉菜单，选择付款账号后，并可以此来查询付款账号的余额。而后用户选择收款方所在银行。用户选择收款方所在地区时，当收款人与付款人在同一城市时，选同城，否则选异地。收款银行名称、输入收款账号和收款户名，若是选择已经建立好的常用账号或配对账号，系统会提供按账号和户名的模糊匹配。若是进行键盘输入，系统将会对账号和收款户名进行校验（如图162所示）。

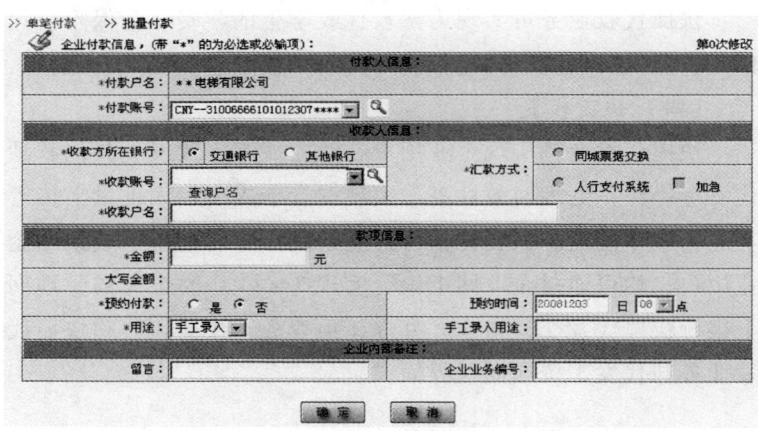

图162　企业网上银行"单笔付款"操作页面

（2）用户只有在向其他银行转账的时候才需要输入收款户名和收款银行全称，可以采用选择输入，也可以通过键盘输入。在进行选择输入的时候，系统会显示收款银行信息（如图163所示）。

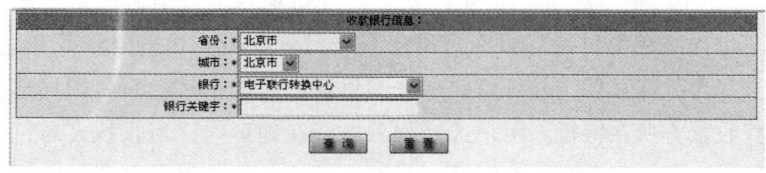

图163　网上银行企业单笔跨行转账收款银行信息输入界面

（3）用户输入完毕相关信息并点击“确定”按钮后，系统会弹出企业付款信息确认页面。用户应仔细核对汇款方式、汇款金额、是否预约付款、预约时间、用途、供企业内部其他网银操作人员查看的留言、企业业务编号等重要付款信息。而后，点击“提交”按钮（如图 164 所示）。

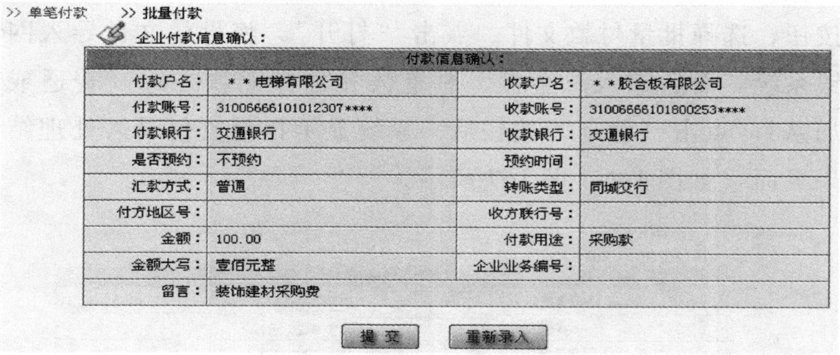
>> 单笔付款　>> 批量付款

企业付款信息确认：

付款信息确认：			
付款户名：	* * 电梯有限公司	收款户名：	* * 胶合板有限公司
付款账号：	31006666101012307****	收款账号：	31006666101800253****
付款银行：	交通银行	收款银行：	交通银行
是否预约：	不预约	预约时间：	
汇款方式：	普通	转账类型：	同城交行
付方地区号：		收方联行号：	
金额：	100.00	付款用途：	采购款
金额大写：	壹佰元整	企业业务编号：	
留言：	装饰建材采购费		

提交　重新录入

图 164　网上银行企业单笔付款信息确认界面

（4）用户点击“提交”按钮后，系统会显示该笔转账付款结果的对话框。该对话框内显示的指令流水号是系统自动生成的唯一标识该笔交易的编号（如图 165 所示）。

2. 批量付款。批量付款是企业操作员通过离线用户端系统，录入、生成批量付款数据文件，然后将批量付款数据文件导入网银的在线交易系统，经授权后提交银行进行处理。该功能具体操作步骤如下：

（1）点击“企业付款——付款录入——批量付款”菜单，进入批量付款数据文件导入页面。在批量文件中点击“浏览”

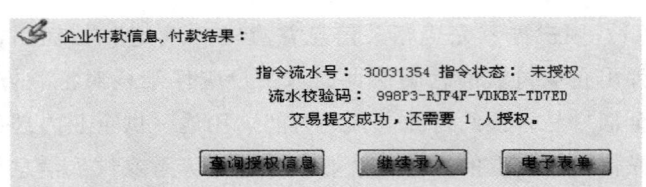

图 165　网上银行企业付款信息结果的对话框

按钮，选择批量付款文件，点击"打开"，将批量文件导入网银系统。而后输入总金额、总笔数并选择汇款方式（普通或加急）。点击"确定"按钮后，系统显示批量支付录入处理结果页面（如图 166、图 167 所示）。

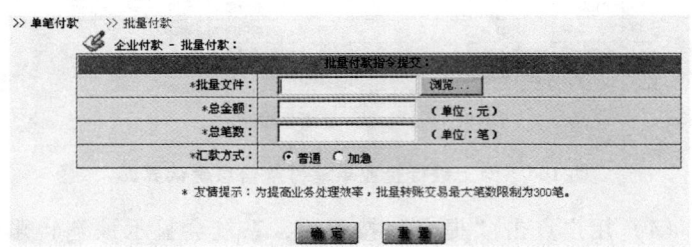

图 166　企业网上银行批量付款指令提交界面

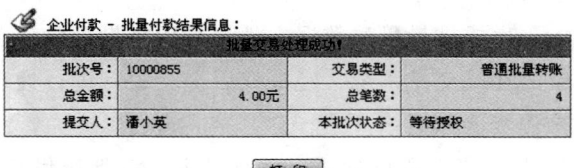

图 167　网上银行企业批量付款结果信息提示界面

若导入文件中的数据存在网银校验不通过的不合法数据，系统会显示“批量指令提交出错清单”页面（如图 168 所示）。在批量付款结果信息中“本批次状态”显示“检验有误，待维护”字样。则批量指令提交出错清单中将显示有错误信息的转账交易，错误信息将提示可能出错的原因。

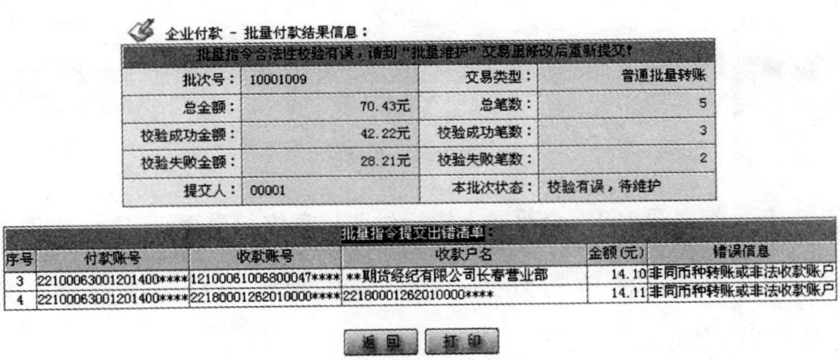
企业付款 - 批量付款结果信息：

批量指令合法性校验有误，请到“批量维护”交易里修改后重新提交！			
批次号：	10001009	交易类型：	普通批量转账
总金额：	70.43元	总笔数：	5
校验成功金额：	42.22元	校验成功笔数：	3
校验失败金额：	28.21元	校验失败笔数：	2
提交人：	00001	本批次状态：	校验有误，待维护

批量指令提交出错清单：					
序号	付款账号	收款账号	收款户名	金额(元)	错误信息
3	22100063001201400****	12100061006800047****	**期货经纪有限公司长春营业部	14.10	非同币种转账或非法收款账户
4	22100063001201400****	22180001262010000****	22180001262010000****	14.11	非同币种转账或非法收款账户

图 168　企业网上银行批量付款“批量指令提交出错清单”

（2）用户须点击“返回”按钮进入批量付款校验有误修改页面，将转账交易信息修改正确，或可进入“付款信息维护——批量维护”进行付款指令的修改（如图 169 所示）。

（3）批量付款出销清单提供对付款指令的修改和删除功能。在出错清单中选择一笔需要修改的转账交易；如用户要做修改，则在修改明细中重新输入收款户名、收款账号、金额；并点击“修改”按钮，修改后系统会刷新出错页面清单的数据。如果用户做删除处理，先选择出错的付款记录，再点击“删除”按钮，在出现的删除确认页面中选择“确定”后，系统

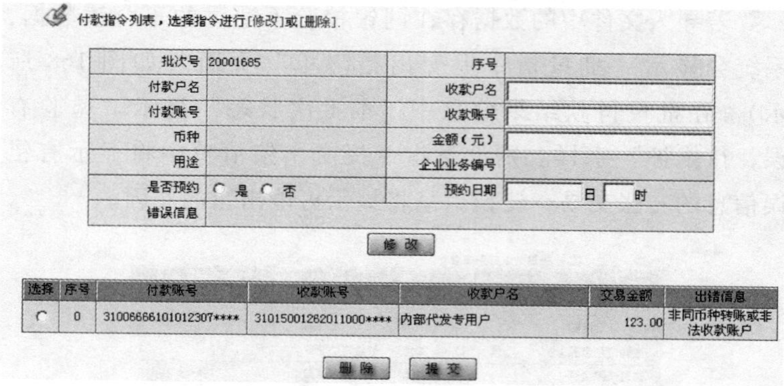

图 169　企业网上银行付款信息维护界面

会刷新出错页面清单的数据。当所有的出错信息修改完毕，用户须点击"提交"按钮。

若批量付款文件导入过程中，录入员在网银端输入的总金额、总笔数与批量文件不一致，将会导致提交失败。若批量付款文件导入状态为"校验有误，待维护"，则不能做授权，需要先维护。批量付款文件导入成功后，授权员通过批量授权对该批次业务进行授权，但用户只可在该批数据未被授权的情况下，由录入员通过批量维护进行修改、删除操作。如果企业做了业务关联账户设置，付款账号只显示业务关联账户。

（二）付款信息维护

付款信息维护包括单笔维护和批量维护两种。企业录入员可使用该功能模块维护自己录入的交易信息。企业复核员、授权员可使用单笔维护交易，查询一段时间内交易的复核或授权情况。

1. 单笔维护时，企业录入员可通过此交易操作，查询自己在某一时间区间内提交的单笔付款交易信息，并可对其进行维护。具体操作步骤如下。

（1）点击"企业付款——付款信息维护——单笔维护"菜单进入"企业付款指令查询"对话框。若用户点击"查询"按钮，可查看依据相应条件提交的付款信息列表；若点击"重置"按钮，则清空输入项内容，可重新输入查询条件进行查询（如图170所示）。

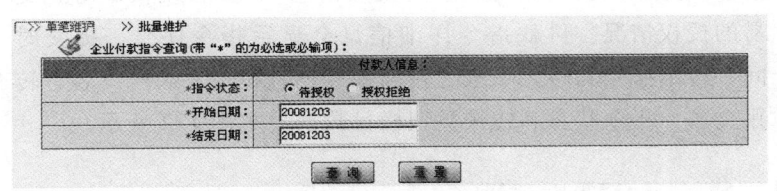

图170 网上银行"企业付款指令查询"对话框

（2）在弹出的对话框中，勾选"待授权"或"授权拒绝"指令状态，选择或输入开始日期和结束日期，选择完毕点击"查询"按钮，显示查询结果页面。在系统显示的查询信息结果页面（如图171所示），若用户点击"修改"按钮，用户可对付款信息进行修改；若用户点击"删除"按钮，可将此付款信息进行删除；若用户点击"保存"按钮，则系统会将当前信息保存到指定文档。

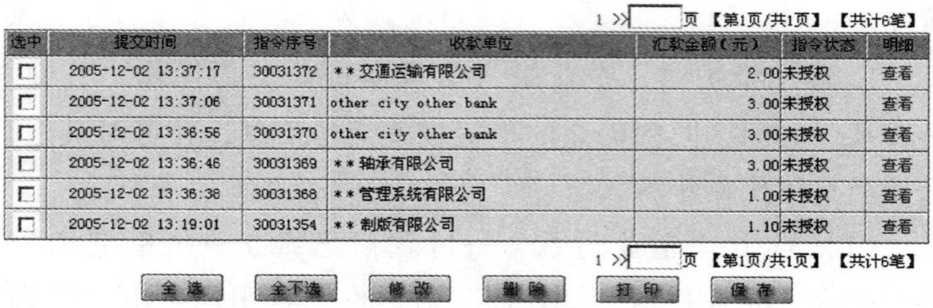

1 >> 页 【第1页/共1页】 【共计6笔】

选中	提交时间	指令序号	收款单位	汇款金额（元）	指令状态	明细
□	2005-12-02 13:37:17	30031372	** 交通运输有限公司	2.00	未授权	查看
□	2005-12-02 13:37:06	30031371	other city other bank	3.00	未授权	查看
□	2005-12-02 13:36:56	30031370	other city other bank	3.00	未授权	查看
□	2005-12-02 13:36:46	30031369	** 轴承有限公司	3.00	未授权	查看
□	2005-12-02 13:36:38	30031368	** 管理系统有限公司	1.00	未授权	查看
□	2005-12-02 13:19:01	30031354	** 制版有限公司	1.10	未授权	查看

1 >> 页 【第1页/共1页】 【共计6笔】

全选 全不选 修改 删除 打印 保存

图 171　网上银行企业付款指令查询信息结果页面

（3）点击明细项下的“查看”按钮，查看付款指令详细信息，并在此页面点击“查询授权信息”，查看授权员对此交易的授权情况。付款指令详细信息会显示指令序号、提交时间、转出账号和转入账号、转出账号户名和转入账号户名、转账金额、指令状态和转账类型栏目数据（如图 172 所示）。

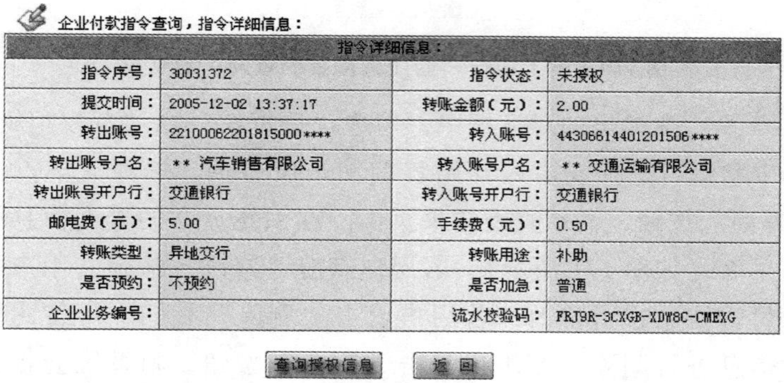

企业付款指令查询，指令详细信息：

指令详细信息：			
指令序号：	30031372	指令状态：	未授权
提交时间：	2005-12-02 13:37:17	转账金额（元）：	2.00
转出账号：	22100062201815000****	转入账号：	44306614401201506****
转出账号户名：	** 汽车销售有限公司	转入账号户名：	** 交通运输有限公司
转出账号开户行：	交通银行	转入账号开户行：	交通银行
邮电费（元）：	5.00	手续费（元）：	0.50
转账类型：	异地交行	转账用途：	补助
是否预约：	不预约	是否加急：	普通
企业业务编号：		流水校验码：	FRJ9R-3CXGB-XDW8C-CMEXG

查询授权信息 返回

图 172　企业付款指令详细信息页面

需要说明的是,企业录入员对单笔付款指令信息进行的删除、修改操作,只能在该笔交易未授权或授权拒绝的情况下进行,而且企业录入员只能对自己所提交的交易进行维护。

2. 批量维护

批量维护是企业录入员通过此交易操作,查询维护某一时间区间内的批量付款交易信息。具体操作步骤如下:

(1)点击"企业付款——付款信息维护——批量维护"菜单,进入企业批量付款指令查询对话框(如图173所示)。

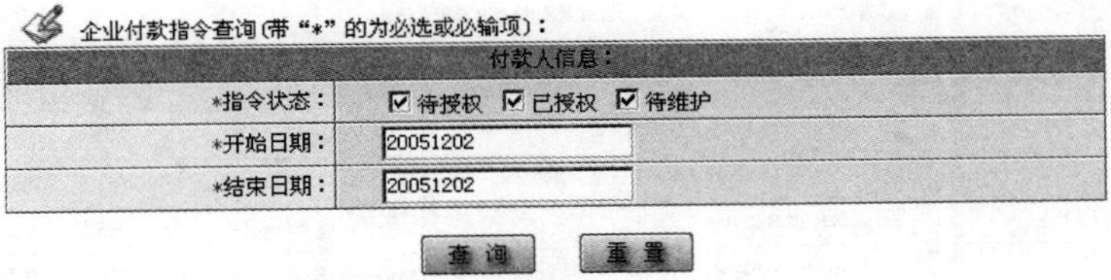

图173 企业批量付款指令查询对话框

(2)在付款人信息中选择待授权、已授权、待维护指令状态。该项目可多选。选择输入开始日期和选择输入结束日期。点击"查询"按钮后,系统会显示批量指令查询信息列表(如图174所示)。

(3)如果指令状态为"校验有误,待维护",点击"批次号"链接,进入批量支付校验有误修改页面进行修改。如果指令状态不是"校验有误,待维护",查看批次内转账明细,点击"批次号"按钮,查看批量付款指令包含的交易列表(如图175所示)。

支付宝　网银　微信支付

图174　企业批量指令查询信息列表

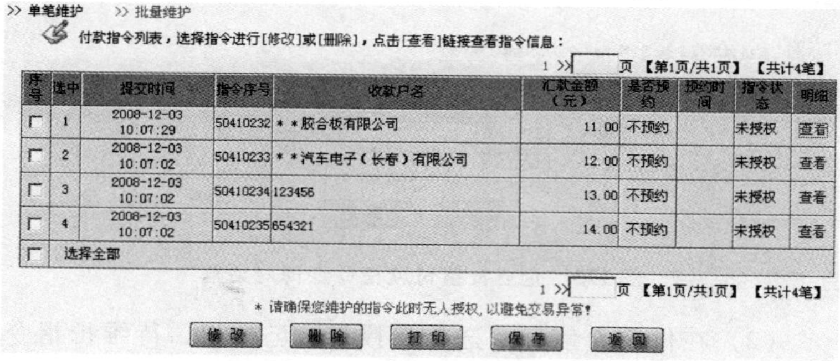

图175　企业付款指令列表批量维护界面

（4）用户点击"查看"按钮，可以查看批次付款指令内某笔转账指令的详细信息（如图176所示）。

（5）若批量付款指令内包含有已授权的中国人民银行小额支付交易，则点击该笔交易的指令状态中的"查看"按钮查看小额支付转账结果信息（如图177所示）。

企业录入员对批量付款指令信息进行删除、修改操作时，

>> 单笔维护　>> 批量维护

企业付款指令查询，指令详细信息：

指令详细信息：			
指令序号：	50410232	指令状态：	未授权
提交时间：	2008-12-03 10:07:29	转账金额（元）：	11.00
转出账号：	31006667401012300****	转入账号：	31006666101800253****
转出账号户名：	**电梯有限公司	转入账号户名：	**胶合板有限公司
转出账号开户行：	交通银行	转入账号开户行：	交通银行
邮电费（元）：	0.00	手续费（元）：	1.10
转账类型：	同城交行	转账用途：	货款
是否预约：	不预约	是否加急：	普通
企业业务编号：		流水校验码：	MEJEC-GQV98-CRKP6-FQGL9

查询授权信息　返回

图 176　企业付款指令查询批量维护详细信息

小额支付转账结果信息			
提交时间：	2009-10-15	交易流水号：	50395374
付款账号：	31006666101012307****	收款账号：	654321
付款户名：	**电梯有限公司	收款户名：	654321
交易金额：	1.00	转账结果：	转账成功

提示：

0. 已受理：表示银行已受理，待确认发送人行支付系统。
1. 组包发送：表示完成小额支付系统组包，或组包报文已发送人行支付系统。
2. 交易处理中：请联系当地分行，进一步查询该交易处理结果。
3. 交易失败：表示该笔交易扣款失败，请核实账户发生明细后，再次提交转账指令。
4. 转账成功：表示交易成功，款项已划拨至收款人开户行。
5. 待查实：表示该笔交易状态未明，请联系当地分行进一步查明原因。

关闭

图 177　企业小额支付转账结果信息页面

只能在该批次交易未授权或授权拒绝的情况下进行。而且企业录入员只能对自己所提交的交易进行维护。

（三）付款复核

付款复核是企业复核员使用的功能模块，复核员通过此功能对录入员提交的转账业务进行复核授权操作，包括单笔复核和批量复核操作。

1. 单笔复核

复核员通过此交易对录入员提交的单笔转账业务进行复核授权操作。具体操作步骤如下。

（1）点击企业“付款——付款复核——单笔复核”菜单进入等待复核指令列表页面（如图 178 所示）。

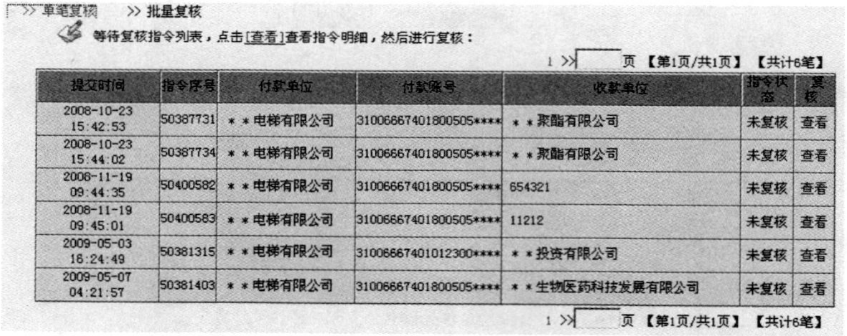
>> 单笔复核　>> 批量复核

等待复核指令列表，点击[查看]查看指令明细，然后进行复核：

1 >> 页 【第1页/共1页】 【共计6笔】

提交时间	指令序号	付款单位	付款账号	收款单位	指令状态	复核
2008-10-23 15:42:53	50387731	**电梯有限公司	31006667401800505****	**聚酯有限公司	未复核	查看
2008-10-23 15:44:02	50387734	**电梯有限公司	31006667401800505****	**聚酯有限公司	未复核	查看
2008-11-19 09:44:35	50400582	**电梯有限公司	31006667401800505****	654321	未复核	查看
2008-11-19 09:45:01	50400583	**电梯有限公司	31006667401800505****	11212	未复核	查看
2009-05-03 16:24:49	50381315	**电梯有限公司	31006667401012300****	**投资有限公司	未复核	查看
2009-05-07 04:21:57	50381403	**电梯有限公司	31006667401800505****	**生物医药科技发展有限公司	未复核	查看

1 >> 页 【第1页/共1页】 【共计6笔】

图 178 等待复核指令列表页面

（2）用户选择需要复核的付款指令，点击“查看”按钮，系统会显示等待复核付款指令详细信息（如图 179 所示）。

（3）用户输入转账金额、转入账号和在授权人留言中留言后，点击“返回”按钮，复核授权通过，系统显示复核授权结果信息（如图 180 所示）。

（4）若点击“拒绝”按钮，拒绝此笔交易。在申请网银开户时，企业可选择是否使用复核功能。如果选择不开通此功

图179　等待复核指令详细信息页面

图180　付款指令复核结果信息页面

能，则企业在处理付款业务时无需进行复核操作。复核是业务授权的一种形式。如果企业选用此功能，它将被设置在业务授权流程的第一个环节上，要求授权的人对付款交易的关键要素进行再次录入比对确认。一笔交易经一次复核授权后，其余授权员只需目视确认授权，无需再次录入。

2. 批量复核

批量复核是指复核人员通过此交易对录入员的批次转账业务进行复核授权操作。具体操作步骤如下：

（1）点击"企业付款——付款复核——用户批量"复核菜单，进入等待复核批量指令列表页面（如图181所示）。

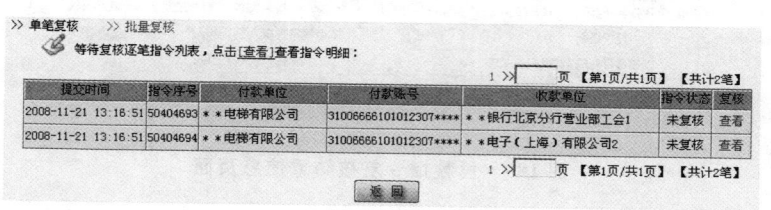

图181　等待复核批量指令列表页面

（2）选择需要复核的指令信息，点击"查看"后，系统显示需要复核指令的详细列表（如图182所示）。

图182　等待复核逐笔指令列表页面

（3）用户点击"查看"按钮，系统会自动显示该项待复核指令详细信息。复核无误后，输入转账金额和转入账号。若点击"拒绝"按钮，拒绝该批次交易，复核人员可在授权人留言中说明拒绝的原因（如图183所示）。

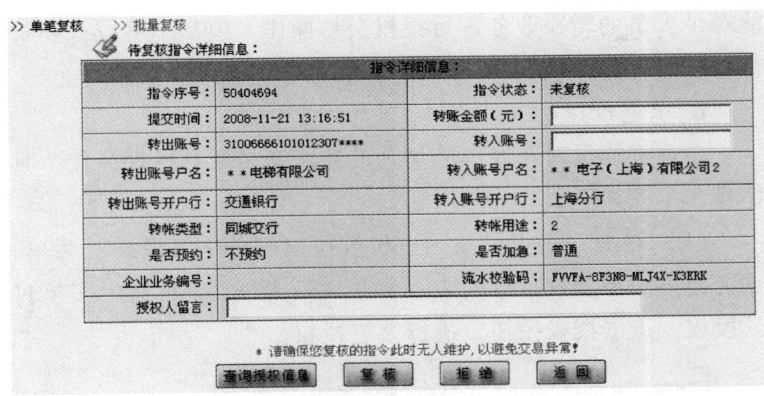

图183 待复核指令详细信息页面

（4）点击"复核"按钮，授权该笔交易，系统会自动显示付款指令复核结果信息（如图184所示）。点击"返回"按钮，系统返回等待复核指令列表，继续下一笔业务复核。

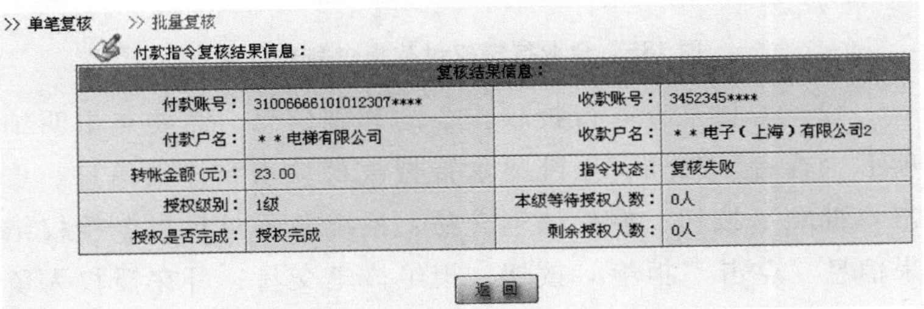

图184 企业付款指令复核结果信息页面

（四）付款授权

付款授权是企业授权员使用的功能模块，授权员通过此功能对录入员的转账业务进行授权交易操作，包括单笔授权和批量授权两种操作模式。

1. 单笔授权

企业授权员对在线单笔录入的转账交易进行授权操作，具体操作步骤如下。

（1）点击“企业付款——付款授权——单笔授权”菜单，系统会显示待授权指令列表（如图185所示）。可选中多笔付款授权，点击授权按钮，进行多笔授权。

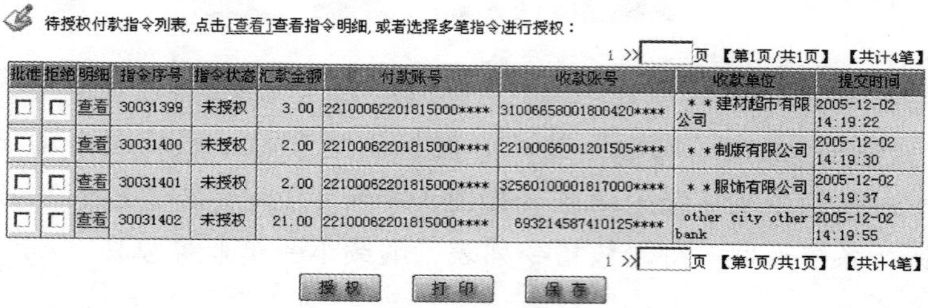

批准	拒绝	明细	指令序号	指令状态	汇款金额	付款账号	收款账号	收款单位	提交时间
□	□	查看	30031399	未授权	3.00	2210006220181500 0****	31006658001800420****	**建材超市有限公司	2005-12-02 14:19:22
□	□	查看	30031400	未授权	2.00	22100062201815000****	22100066001201505****	**制版有限公司	2005-12-02 14:19:30
□	□	查看	30031401	未授权	2.00	22100062201815000****	32560100001817000****	**服饰有限公司	2005-12-02 14:19:37
□	□	查看	30031402	未授权	21.00	22100062201815000****	693214587410125****	other city other bank	2005-12-02 14:19:55

图185 企业待授权付款指令列表页面

（2）若想要查看待授权指令的详细信息，需要点击明细项下“查看”按钮，系统显示待授权付款指令详细信息。点击“批准”按钮，授权该笔交易，系统显示付款指令授权结果信息。点击“拒绝”按钮，拒绝该笔交易，可在授权人留言中予以说明拒绝原因，系统会自动显示授权指令结果信息（如图186所示）。

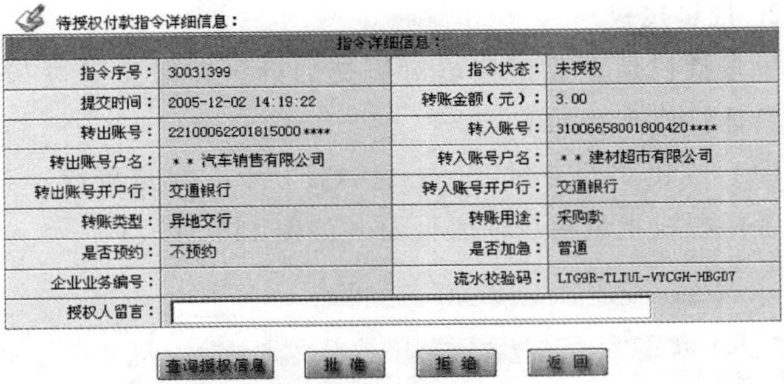

待授权付款指令详细信息：

指令详细信息：			
指令序号：	30031399	指令状态：	未授权
提交时间：	2005-12-02 14:19:22	转账金额（元）：	3.00
转出账号：	22100062201815000****	转入账号：	31006658001800420****
转出账号户名：	＊＊汽车销售有限公司	转入账号户名：	＊＊建材超市有限公司
转出账号开户行：	交通银行	转入账号开户行：	交通银行
转账类型：	异地交行	转账用途：	采购款
是否预约：	不预约	是否加急：	普通
企业业务编号：		流水校验码：	LTG9R-TLTUL-VYCGH-HBGD7
授权人留言：			

查询授权信息　批准　拒绝　返回

图 186　企业待授权付款指令详细信息页面

（3）点击“批准”按钮或点击“拒绝”按钮后，系统会自动显示付款指令授权结果信息。点击“返回”按钮，系统返回到待授权指令列表，继续下一笔业务授权（如图 187 所示）。

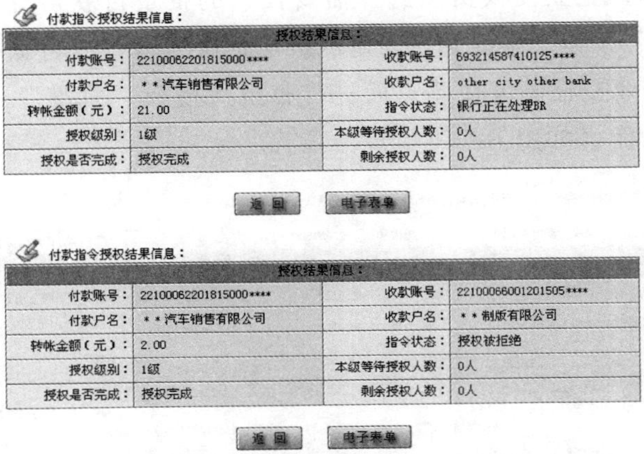

付款指令授权结果信息：

授权结果信息：			
付款账号：	22100062201815000****	收款账号：	693214587410125****
付款户名：	＊＊汽车销售有限公司	收款户名：	other city other bank
转帐金额（元）：	21.00	指令状态：	银行正在处理BR
授权级别：	1级	本级等待授权人数：	0人
授权是否完成：	授权完成	剩余授权人数：	0人

返回　电子表单

付款指令授权结果信息：

授权结果信息：			
付款账号：	22100062201815000****	收款账号：	22100066001201505****
付款户名：	＊＊汽车销售有限公司	收款户名：	＊＊制版有限公司
转帐金额（元）：	2.00	指令状态：	授权被拒绝
授权级别：	1级	本级等待授权人数：	0人
授权是否完成：	授权完成	剩余授权人数：	0人

返回　电子表单

图 187　企业付款指令授权结果信息页面

2. 批量授权

批量授权是企业授权员对提交的批量转账交易进行的授权，具体操作步骤如下：

（1）点击“企业付款——付款授权——批量授权”菜单，进入等待授权批量指令列表页面（如图188所示）。

等待授权批量指令列表，点击[查看]查看指令明细，然后进行授权：

1 >> 页 【第1页/共1页】 【共计5笔】

提交时间	批次号	提交人	总笔数	总金额（元）	指令状态	明细
2005-11-30 09:54:51	10000843	12345	4	4.00	等待授权	查看
2005-12-02 13:30:58	10000855	12345	4	4.00	等待授权	查看
2005-12-02 13:48:30	10000856	12345	4	4.00	等待授权	查看
2005-12-02 13:48:42	10000857	12345	4	4.00	等待授权	查看
2005-12-02 13:48:52	10000858	12345	4	4.00	等待授权	查看

1 >> 页 【第1页/共1页】 【共计5笔】

图188 等待授权批量指令列表页面

（2）企业授权员须选择需要授权的批量付款信息，点击“查看”按钮，系统会自动显示指定批次内待授权付款指令列表。企业授权员可在此页面进行整批次授权“批准”或“拒绝”操作（如图189所示）。

待授权付款指令列表，点击[查看]查看指令明细，或者选择多笔指令进行授权：

客户名称： 上海三菱电梯有限公司 批次号： 20001686 1 >> 页 【第1页/共1页】 【共计4笔】

批准	拒绝	明细	指令序号	指令状态	汇款金额（元）	付款账号	收款账号	收款单位	收款人开户行
□	□	查看	50410232	未授权	11.00	31006667401012300****	31006666101800253****	**胶合板有限公司	交通银行
□	□	查看	50410233	未授权	12.00	31006667401012300****	22100063001201400****	**汽车电子(长春)有限公司	交通银行
□	□	查看	50410234	未授权	13.00	31006667401012300****	12****	123456	123456
□	□	查看	50410235	未授权	14.00	31006667401012300****	65****	654321	654321

总金额：50.00元 批准金额： 元 批准笔数： 拒绝金额： 元 拒绝笔数： 1 >> 页 【第1页/共1页】 【共计4笔】

* 请确保您授权的指令此时无人维护，以避免交易异常！

授权 整批批准 整批拒绝 打印 保存 返回

图189 企业批量待授权付款指令列表页面

（3）若想要查看待授权指令详细信息，可以点击每条指令明细项下的“查看”按钮，系统会显示待授权付款指令详细信息（如图 190 所示）。

待授权付款指令详细信息：

指令详细信息：			
指令序号：	30030914	指令状态：	未授权
提交时间：	2005-11-30 09:54:51	转账金额（元）：	1.00
转出账号：	22100062201815000****	转入账号：	22100065801801000****
转出账号户名：	**汽车销售有限公司	转入账号户名：	**期货经纪有限公司长春营业部
转出账号开户行：	交通银行	转入账号开户行：	交通银行
转账类型：	同城交行	转账用途：	工资
是否预约：	不预约	预约日期：	
是否加急：	普通	流水校验码：	VXBCH-B3PRH-WE49K-GRFEK
企业业务编号：	1	修改次数：	0
授权人留言：			

查询授权信息 批准 拒绝 返回

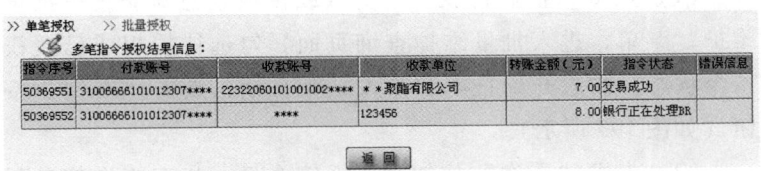

图 190 待授权付款指令详细信息页面

（4）选择多个待授权的批量指令信息，点击“授权”按钮，对该交易完成授权，系统显示多笔指令授权结果信息（如图 191 所示）。

>> 单笔授权 >> 批量授权

多笔指令授权结果信息：

指令序号	付款账号	收款账号	收款单位	转账金额（元）	指令状态	错误信息
50369551	31006666101012307****	22322060101001002****	**聚酯有限公司	7.00	交易成功	
50369552	31006666101012307****	****	123456	8.00	银行正在处理BR	

返回

图 191 多笔指令授权结果信息界面

(5)点击"整批授权"按钮,对批次列表中所有交易同意授权。点击"整批拒绝"按钮,对批次列表中所有交易授权拒绝。批量授权完成后,系统会显示批次号及授权完成提示信息对话框(如图192所示)。需要说明的是,在批量授权中,授权人员只能对批量上传的批次交易进行授权,不能对在线录入的单笔交易进行授权操作。

> 批量授权完成,请您到【复核、授权信息维护】中进行查询。
> 批次号:10000843

图192 批量授权完成提示信息对话框

(五)复核、授权信息维护

复核、授权信息维护,是供企业复核员和授权员,对一定时间区间内的复核和授权交易信息进行查询的功能模块,包括批量维护和预约取消两项功能。

1. 批量维护

企业复核员、授权员通过批量维护操作,可以查询一定时间内的批量复核和授权交易信息。具体操作步骤如下:

(1)点击"企业付款——复核或授权信息维护——批量维护"菜单,进入批量维护查询页面。勾选待授权或已授权指令状态,输入开始日期和输入结束日期,点击"查询"按钮(如图193所示)。

(2)点击"查询"按钮后,系统会显示指令查询信息列表(如图194所示)。

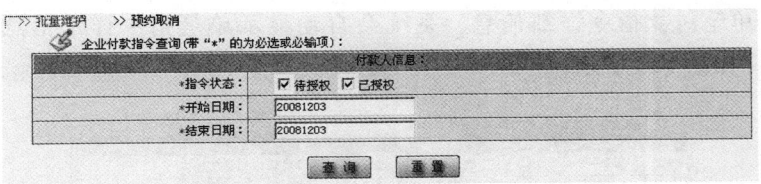

图 193　企业付款批量维护查询页面

1 >> 页 【第1页/共1页】 【共计7笔】

提交时间	批次号	提交人	总笔数	总金额（元）	指令状态	明细
2005-12-02 13:30:58	10000855	12345	4	4.00	授权结束	查看
2005-12-02 13:48:30	10000856	12345	4	4.00	授权结束	查看
2005-12-02 13:48:42	10000857	12345	4	4.00	授权结束	查看
2005-12-02 13:48:52	10000858	12345	4	4.00	授权结束	查看
2005-12-02 14:45:05	10000861	12345	4	4.00	授权结束	查看
2005-12-02 14:45:12	10000862	12345	4	4.00	授权结束	查看
2005-12-02 14:45:19	10000863	12345	4	4.00	授权结束	查看

1 >> 页 【第1页/共1页】 【共计7笔】

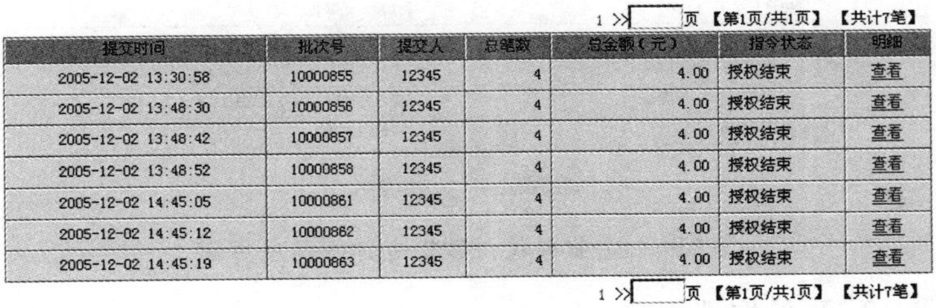

图 194　指令查询信息列表页面

（3）点击批次指令列表相关批次号明细项下的“查看”按钮，查看该批次付款指令详细列表信息（如图 195 所示）。

付款指令列表，点击[查看]查看指令明细：

1 >> 页 【第1页/共1页】 【共计4笔】

提交时间	指令序号	收款单位	汇款金额（元）	指令状态	明细
2005-12-02 13:30:58	30031355	* * 期货经纪有限公司长春营业部	1.00	交易成功	查看
2005-12-02 13:30:58	30031356	* * 网络公司上海代表处	1.00	交易成功	查看
2005-12-02 13:30:58	30031357	1234567890	1.00	银行正在处理BR	查看
2005-12-02 13:30:58	30031358	0987654321	1.00	银行正在处理BR	查看

1 >> 页 【第1页/共1页】 【共计4笔】

打印　保存　返回

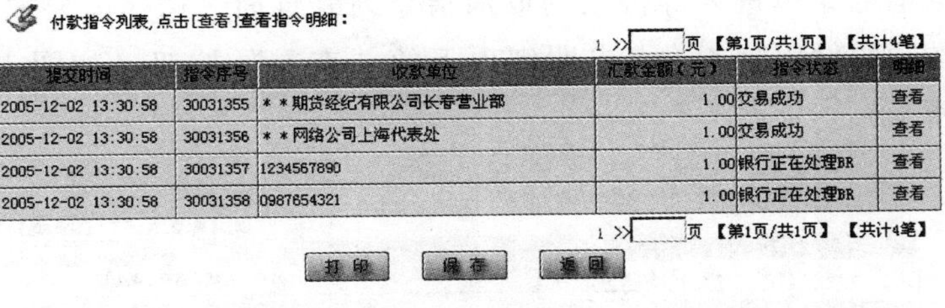

图 195　批量付款指令详细列表信息页面

（4）点击该批次里指令序号后面的“查看”按钮，查看单笔付款指令详细信息，系统会自动显示单笔指令详细信息（如图 196 所示）。

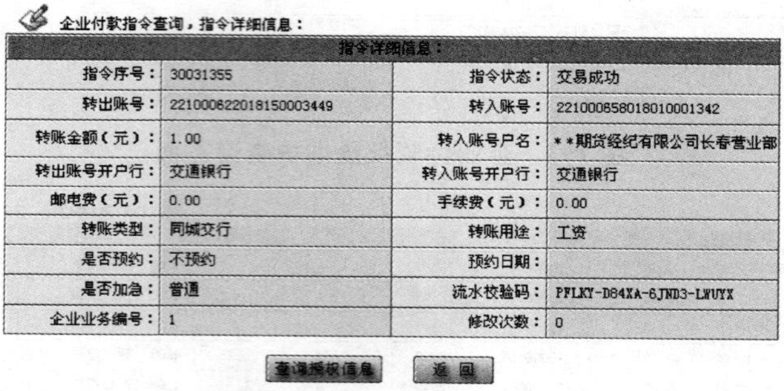

企业付款指令查询，指令详细信息：

指令详细信息：			
指令序号：	30031355	指令状态：	交易成功
转出账号：	221000622018150003449	转入账号：	221000658018010001342
转账金额（元）：	1.00	转入账号户名：	**期货经纪有限公司长春营业部
转出账号开户行：	交通银行	转入账号开户行：	交通银行
邮电费（元）：	0.00	手续费（元）：	0.00
转账类型：	同城交行	转账用途：	工资
是否预约：	不预约	预约日期：	
是否加急：	普通	流水校验码：	PFLKY-D84XA-6JND3-LWUYX
企业业务编号：	1	修改次数：	0

查询授权信息 返回

图 196 企业单笔付款指令详细信息页面

2. 预约取消

进行预约取消操作，使企业授权员在预约日期到来之前，可取消其所做的预约交易，具体操作步骤如下。

（1）点击“企业付款——复核或授权信息维护——预约取消”菜单进入等待预约取消指令列表页面。选择需要取消的预约付款业务，点击明细项下的“查看”按钮（如图 197 所示）。

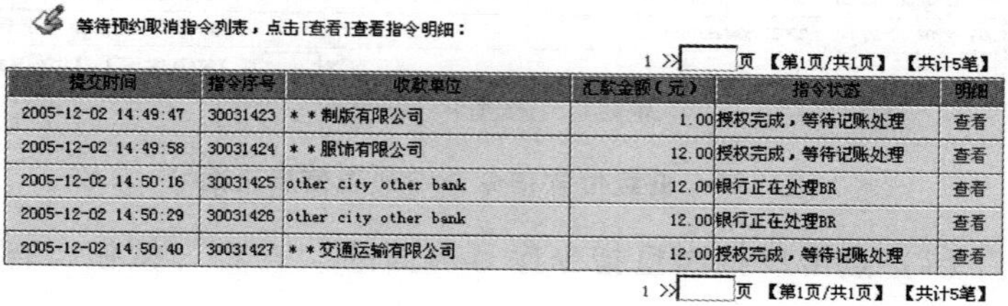

等待预约取消指令列表，点击[查看]查看指令明细：

1 >> 页 【第1页/共1页】 【共计5笔】

提交时间	指令序号	收款单位	汇款金额（元）	指令状态	明细
2005-12-02 14:49:47	30031423	**制版有限公司	1.00	授权完成，等待记账处理	查看
2005-12-02 14:49:58	30031424	**服饰有限公司	12.00	授权完成，等待记账处理	查看
2005-12-02 14:50:16	30031425	other city other bank	12.00	银行正在处理BR	查看
2005-12-02 14:50:29	30031426	other city other bank	12.00	银行正在处理BR	查看
2005-12-02 14:50:40	30031427	**交通运输有限公司	12.00	授权完成，等待记账处理	查看

1 >> 页 【第1页/共1页】 【共计5笔】

图 197 等待预约取消指令列表页面

（2）点击明细项下的“查看”按钮后，系统会显示该指令序号付款指令的详细信息（如图198所示）。点击下方的“预约取消”按钮，系统将会显示预约取消提交成功页面。预约取消操作结束。需要说明的是，只有在预约付款交易授权完毕之后、银行到期处理之前，授权员才能进行预约取消业务操作；而且预约取消业务，只能由该笔预约付款业务的最后一个授权员进行操作。

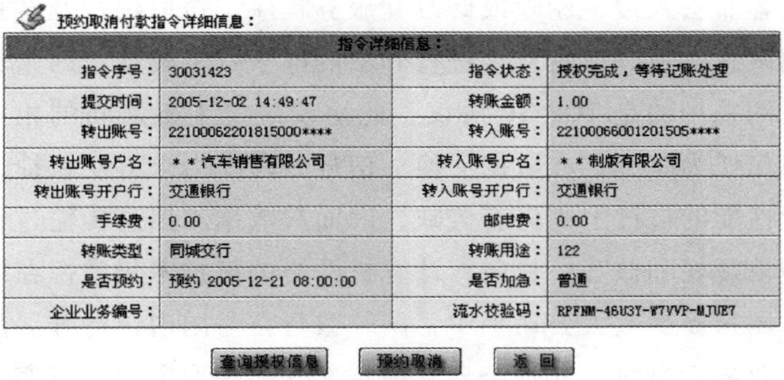
预约取消付款指令详细信息：

指令详细信息：			
指令序号：	30031423	指令状态：	授权完成，等待记账处理
提交时间：	2005-12-02 14:49:47	转账金额：	1.00
转出账号：	22100062201815000****	转入账号：	22100066001201505****
转出账号户名：	**汽车销售有限公司	转入账号户名：	**制版有限公司
转出账号开户行：	交通银行	转入账号开户行：	交通银行
手续费：	0.00	邮电费：	0.00
转账类型：	同城交行	转账用途：	122
是否预约：	预约 2005-12-21 08:00:00	是否加急：	普通
企业业务编号：		流水校验码：	RPFNM-46U3Y-W7VVP-MJUE7

查询授权信息　预约取消　返回

图198　预约取消付款指令详细信息页面

二十、网上银行的主要安全风险及其安全使用手段

（一）网上银行的主要安全风险

1. 网络建设的技术落后问题

网上银行技术风险的产生是由于网上银行系统搭建过程中的机器设备、网络通信上出现问题导致的不确定性。网上银行是基于全球电子信息系统运行的金融服务形式，对计算机和网

络技术的依赖性很大。从目前的风险案例来看，一是目前流行的许多操作系统均存在网络安全漏洞，大多数互联网上的信息加密程度不高，各种口令在文件传输过程中很容易被盗取；二是系统故障使计算机网络出现系统停机、磁盘破坏、数据丢失。由于网络设备终日担当着网络上繁重而复杂的金融数据传输任务，难免因负荷过重而出现故障，造成网上银行用户直接经济损失发生；三是随着黑客攻击技术的提高，网上银行难免被黑客非法入侵，删除或修改其服务程序，窃取银行及客户的关键敏感资料，或者直接进行非法的电子资金转账；四是目前互联网采用的是 TCP/IP 协议，此协议规定主机之间的相互通讯以信任为基础，在数据交换、信息处理上力求方便快捷，其安全性能的设计上则尚有欠缺，因而其数据和信息传输过程中容易被窥视和截获。目前，计算机网络关键技术仍掌握在国外发达国家极少数大公司手中，国外银行在与国内银行开展网上银行业务竞争时，其是否会利用技术优势获取国内银行客户的信息和商业秘密，利用我国还未掌握的网络安全防卫技术扰乱业务处理程序，尚不可预测，但这些都将会给我国的网上银行业务发展带来重大的风险隐患。

虽然网络犯罪目前已受到高度的重视，但是网络发展的不确定性以及计算机技术的"摩尔定律"，都会造成对网络犯罪控制难度的加大。而网络技术更替的速度之快则使其在很多领域经常要面临全新的操作环境，漏洞的存在已经成为一种常态。这使得黑客能够非法侵入甚至破坏计算机的信息系统、利用网络漏洞实行金融诈骗、非法盗用客户账号、窃取商业机密。技术落伍将是网上银行发展长期面临的问题。需要注意的是，网上银行操作系统的设计如果采用非安全的外包方式进行，则还有可能埋下以下严重隐患：一是开发人员开发网上银行系统时可能留下"后门"；二是网上银行系统在设计时没有遵从最新的安全标准；三是客户端的安全强度设计不足，如没有防范远程劫持的安全交易机制，没有采取反跟踪、加密、加壳保护技术，没有采取有效防止钓鱼网站攻击的保护技术；四是服务器端存在设计缺陷，其安全区域划分不合理或没有采用有效的防护，没有有效的安全审计技术支持，没有考虑灾备或者灾备方式不合理。

2. 诚信缺损的信用风险

对于客户来说，由于网上银行采用了与传统银行完全不同的方式拓展金融产品与服务，它的虚拟性和开放性形成了突破地理限制的无边界金融服务，而且对银行而言，网上银行没有实体办公地点，银行与客户之间没有面对面的接触，而是通过远程通讯手段，借助信用确认程度对借款人的信用等级进行评估。但目前我国缺少足够的客户资信评估数据，银行很难对借款人进行准确的信用评估，借款人也很可能不履行对电子货币借贷应该承担的义务。因此，网上银行的出现对信用政策提出了挑战，它虽然可以通过非传统的渠道扩展信贷范围，并可突破传统的地域范围限制扩展市场，但是通过远程银行操作来确定信贷申请人的放款价值是不充分的，这给网上银行带来较高的信用风险。

3. 资金被错误操作

操作错误主要是指由于系统中存在不利于可靠性、稳定性和安全性要求的错误操作而招致损失的现象。它可能来自于网络银行客户的疏忽大意,也可能来自于网络银行安全系统和其产品设计缺陷与操作失误,如系统被非法入侵、电子货币被伪造、系统技术失效等。同时,银行职员在业务上的错误操作,也可能导致网上银行账户资金出现严重的错误支付或转账。操作错误主要涉及网络银行账户的授权使用、网络银行的风险管理系统、网络银行与客户间的信息交流、真假电子货币的识别等领域。因此,操作错误来源于网络系统在可靠性和完整性方面的重大缺陷。

4. 内部管理不严

由于严格制度管控的历史积淀非常短暂,部分中小银行网上银行缺少操作系统管理、操作安全管理、涉密安全管理、变更管理、防恶意代码管理的相关制度建设与规划。而由于企业自身管理制度的缺失或者不到位,也不可能从制度上保证网上银行系统的代码安全、运行安全和操作安全。目前,网上银行安全管理中有些问题还是隐藏着严重的隐患,主要有:对操作中的相互制约机制控制不严,存在不安全兼岗的问题;重要开发文档管理不严而造成泄密;未建立网上银行系统应急事件库,应急工作未进行培训和演练;应急预案的内容不完整,可操作性差,缺乏对实际工作的指导意义。

5. 客户安全意识较差

网上银行的客户并非网上银行业务专业技术人员，由于安全意识不足或操作不当，极有可能给犯罪分子以可乘之机。比较集中的问题有：一是钓鱼网站的存在。一些不法分子经常利用与真实银行网站相似的域名，或通过电子邮件提供假链接，骗取用户登录，获取用户账户及密码信息，进行非法操作，造成用户资金损失和银行名誉损失；二是桌面安全问题。这种问题主要出现在无防护的 PC 或者手机客户端。诸如"木马"盗号、"灰鸽子"病毒等都是目前常见的能获取客户端账户和密码等敏感信息的黑客攻击方式；三是客户口令设置过于简单和规律。有些用户口令往往选用诸如身份证号码、出生日期、电话号码等，容易被犯罪分子猜出；有些用户口令密码强度不够，未选用字母和数字混合的方式，容易被暴力破解；有些用户将密码写在纸上，或者经常在不同的系统上使用同一密码，容易造成泄密。

6. 网络犯罪不断

随着网民数量的增加和网络技术的提高，黑客的人数和技术水平都在上升。有的黑客为了消遣或炫耀技术而攻击网络，使网上银行的网络系统受到损坏甚至崩溃的威胁；有的网络黑客会利用网络来窃取银行商业机密或盗取银行客户资金，以谋取不义之财；有的犯罪分子还利用网上银行进行洗钱。网上银行属于新兴事物，相关法律法规基本上处于空白状态，仅有中国人民银行《网上银行业务管理暂行办法》这一部门规章显然是不够的。法律是监管的保证，通过法律才能使网上银行的交易规范、有序，由于法律的缺位使监管机构无法可依，监管难度加大。而面对不断涌现的网上支付新的形式和手段，监管力度的确难以拿捏，客户与网上银行很容易陷入相关利益的法律纠纷之中。而且网络空间是个申请网络账号即可进入的自由流动空间，该网络内的各个接点联结成一个整体，网络接点之间有着紧密的关联度。在一个网络接点发生的风险可能会波及整个网络，甚至导致银行整个经营网络瘫痪。再者，高科技的网络技术所具有的快速远程处理功能，虽然为便捷、快速的金融服务和产品提供了强大的技术支持，但也加快了风险过程的积聚。风险的积聚与发生可能就在同一时间内，且不易被察觉并来不及采取补救措施，就会带来一连串的"蝴蝶效应"。网上欺诈频发也是比较棘手的问题。不法分子通过发送电子邮件或在手机上提供各种中奖链接诱骗互联网用户。当用户接受电子邮件或点击链接地址时，不法分子的"木马"也随之植入用户的计算机或手机中，并偷偷修改用户的网上银行或手机银行软件，当用户使用这些软件进入银行的网址时，修改后的软件就会自动将用户网上银行的资金转移到不法分子的账户上。

（二）使用网上银行的主要安全手段

1. 加强网上银行风险监控的法律建设

法律体系不健全是各国政府对网上银行缺乏足够管理能力的根本原因之一。我国目前已初步制定关于网上证券交易、计算机使用安全保障等方面的法规规章，但还远不能适应网络发展的客观要求。应借鉴发达国家网上银行业务的已有经验，在网上银行发展的初期及时制定和颁布有关法律法规，在电子交易合法性、电子商务的安全保障、禁止利用计算机犯罪等方面加紧立法，修改现有《中华人民共和国合同法》、《中华人民共和国商业银行法》等法律条文中不适合网上银行发展的部分。目前，我国涉及网上银行的法律法规有《电子签名法》、《计算机信息系统安全保护条例》、《计算机信息网络国际联网管理暂行规定》和《计算机网络国际联网安全保护管理办法》，而针对性较强的只有中国人民银行发布的《电子支付指引（第一号）》和银监会发布的《电子银行业务管理办法》。从目前的法律法规体系来看，一是缺乏针对电子银行类违法犯罪的具体适用性条款和处罚规定，法院判定时往往只能参考《中华人民共和国刑法》、《中华人民共和国民法通则》中接近的相关条款；二是对网上银行违法犯罪的举证责任缺乏明确规定，导致各个法院对此类案件判决结果不一，争议之一就是法院如何分配原被告的举证责任。就网上银行犯罪而言，要让对信息的掌握处于明显劣势的客户负完全举证责任，显然有失公允，而以银行现有技术能力而言，有时也难以举证，因此有必要在法律上针对不同情况明确举证责任。

另外，建立完善的社会信用制度是减少互联网金融风险，促进网上银行规范发展的重要保证。没有完善的社会信用体系，人们就会增加对经济行为的不确定性预期，网上银行业务的虚拟性会使这种不确定性得到强化，不利于网上银行的正常发展，也会增大法律调节的障碍和成本。

2. 不断进行网上银行运行的安全评价

这种评价的内容主要有：一是检查和分析安全审计记录。银行网络系统在运行过程中出现的各种问题均有详细的记录，有关的非正常操作记录能使人们及早发现网络系统的绝大部分潜在的安全问题，并提供评价和检测现有风险控制措施有效性的实践依据，从而提出相应的解决办法；二是随时跟踪网络安全解决方案的最新技术进展，及时了解各种网络安全控制最新信息，并根据银行网络系统的实际情况进行对比分析，采取相应的安全控制办法；三是不断进行网络系统安全测试，及时发现现有网络安全方面的弱点及其现在的安全隐患，综合评价安全管控的效果与水平；四是结合商业银行业务管理的特点，建立一整套对网上银行安全运行进行监测、评估的技术性指标，据以对网上银行的安全运行状况进行不断的考评。而不断完善技术监管平台，对业务数据处理和信息传输的安全性进行实时监控，是维护网上银行安全运行的技术保证。

3. 树立风险管控理念

商业银行要努力培育以"诚信、公正、守法"为标志的良好的网上银行风险控制观念。以良好的企业风险控制文化来影响员工的行为取向，使商业银行每一位员工都能认识到自身网上操作可能带来的风险，以员工自觉的风险意识来提高银行整体的风险应对能力。一方面，网上银行是基于现代信息技术而建立的，因而对风险管控者的素质和风险管控水平提出了更高的要求。网上银行风险管控者既要具有互联网专业背景，同时还要有金融业务相关从业经历；另一方面，加强网上银行安全管控手段的同时还应加强金融诚信体系的建设，这是安全管控的重要基础。商业银行要建立诚信的经营考核体系，建立失信惩戒机制和守信增益机制，特别是完善和充分利用现有的企业及其个人征信系统。进一步建立完善还款记录制度，强化信用教育，倡导信用至上。要培养企业的信用意识，使企业认识到良好的信用是最重要的无形资产，要诚实放款。与此同时，净化信用环境，推行信用公示制度，防止信用恶劣的经销商进入网站。要在新闻媒体上定期公布重点企业信用等级，让诚实守信的企业得到更多、更好的金融服务；让不讲信用的企业受到曝光和应有的制裁。

下篇
微信支付及其使用

一、微信支付的发展历程

微信支付是微信中的一项重要功能,而微信是腾讯控股有限公司在2011年1月21日推出的一款支持S60v3、S60v5、Windows Phone、Android及iPhone平台的聊天软件。微信用户不仅可以通过智能手机用户端与好友分享文字与图片,而且该聊天软件还支持分组聊天和语音、视频对讲功能。微信软件完全免费提供。微信支付是在微信客户端的支付功能,用户可以通过手机完成快速的支付流程。微信支付以绑定银行卡的快捷支付为基础,向用户提供安全、快捷、高效的支付服务。2013年8月5日微信支付正式上线后,2014年1月4日"滴滴打车"率先接入微信支付,2014年8月28日智慧生活全行业解决方案正式公布,2015年5月"零钱"用户突破3亿户。2016年1月微信支付接入线下门店超过30万家。2016年4月22日,微信支付绑卡用户数超过3亿个。

2014年9月26日，腾讯公司发布的腾讯手机管家5.1版本为微信支付打造了"手机管家软件锁"，在安全入口上独创了"微信支付加密"功能，为微信提供了立体式的保护，为微信用户资金安全再上一把"锁"。用户只需在微信中关联一张银行卡，并完成身份认证，即可将装有微信APP的智能手机变成一个全能钱包，之后即可购买合作商户的商品及服务，用户在支付时只需在自己的智能手机上输入密码，无需任何刷卡步骤即可完成支付。目前，微信支付已实现刷卡支付、扫码支付、公众号支付、APP支付等多种支付方式的整合，并提供企业红包、代金券、立减优惠等营销新工具，满足用户及商户的不同支付场景。

目前，微信支付支持招商银行、中国建设银行、光大银行、中信银行、中国农业银行、广发银行、平安银行、兴业银行、民生银行发行的借记卡及信用卡。微信支付还支持商业银行发行的贷记卡主要有：深圳发展银行、宁波银行。2017年1月13日，《中国人民银行办公厅关于实施支付机构客户备付金集中存管有关事项的通知》规定了第三方支付机构在交易过程中，产生的客户备付金，须统一交存至指定账户，由中国人民银行监管，支付机构不得挪用、占用客户备付金。

微信支付最成功的解决方案莫过于微信智慧系统，它主要由微信智慧酒店、微信智慧餐厅、微信智慧超市及微信智慧影院构成。其中，微信智慧酒店利用微信服务，将住店流程微信化，减少面对面人力服务，优化服务体验的同时节省酒店人力，并通过微信消息能力，进行会员长期运营，激活沉默会员，增加用户粘性。微信智慧餐厅提供包含订餐、点菜、支付、营销、会员管理系统在内的一站式服务，将线下店铺和线上营销无缝对接。帮助餐厅快速提升订单，有效沉淀会员，精准投放营销活动。微信与乐百汇联合打造的智慧剧场则推出了移动终端购票、在线选座、观影前信息提醒、无纸化入场、在线购买观影套餐、演出结束提醒及微信打车一条龙服务，让用户在观影过程中无需再花费更多的精力去寻找、排队、等待。而智慧超市则是以微信支付及微信服务号为核心，围绕超市售前、售中、售后等环节，提供了全流程智慧解决方案，帮助超市与用户建立全方位连接微信支付的快速支付，配合微信支付优先通道，减少排队。同时与门店微信支付结合的微信优惠券制作、下发、传播、核销接近零成本。微信还采用虚拟会员卡零成本发展新会员；会员亦可随时了解商家活动，商家可不断激发会员的购买欲。通过微信支付低成本引导优质客户关注服务号，可识别用户来源精准营销，免费推送营销信息提升销量。顾客可与服务号互动，享受电商、客服等在线增值服务。

2014年3月8日，王府井百货接入微信支付。2014年国庆长假期间，丽江、大理、西塘、鼓浪屿、凤凰等国内热门旅游景区内近3000家客栈和民宿全面上线微信支付。2014年11月，继微信智慧酒店、智慧餐厅、智慧剧院之后，顺丰速运宣布在全国范围内支持微信支付，尝得"微信智慧生活"全行业解决方案在快递业的第一只"螃蟹"。2015年5月5日，家乐福全国237家门店将陆续接入微信支付，正式启动"智慧超市"模式。用户在家乐福购物结账时，只需使用手机出示微信的刷卡条形码或二维码，扫码成功后便可完成支付，购物体验更为高效便捷。2015年9月25日，麦当劳中国和微信支付联合宣布，双方将在数字化用餐体验方面进行全面合作。目前，麦当劳上海地区的172家餐厅已率先接入微信支付。2016年4月11日，中国石化北京加油站上线了微信支付，覆盖500多家中国石化直营易捷便利店。5个月产生超过5000个注册服务商。2016年5月，中国石油在全国31个省市范围内近1500座直营油站同步上线微信支付。2016年6月，美特斯邦威宣布接入微信支付。用户在美特斯邦威旗下500家直营门店结账时，可以使用微信支付。2016年12月8日，星巴克咖啡公司与腾讯控股有限公司宣布达成战略合作，微信支付自即日起接入星巴克中国大陆近2500家门店。2017年1月11日，必胜客全国1700余家门店接入微信支付。

二、微信支付的主要特征

如果把支付宝比喻为通过线上连接隔海相望的买家和卖家交易的连通桥梁，那微信支付就是交易的"高速公路"。在银联和支付宝已然做大的背景下，即便没有微信支付工具，对当前线上支付的基础也并不会有本质的影响，但是微信支付会分流一部分流量，甚至因为这条便捷快速支付的通道，激活更多潜在买家的支付欲望，增加客户支付意愿，同时巩固夯实已有买家的支付行为，为客户增加多一种支付工具的可能。微信支付是由微信社交关系链延伸的功能，它最开始起于"用户之间相互转账的社交需求"。但微信支付不满足于工具属性，其提供的理财通、链接用户与服务、用户与商户也在走支付宝的路线，期望为用户提供一系列生活服务。微信借助社交优势完美满足了人与人之间的支付场景。业内人士普遍认为，如果做为通讯工具的微信没做微信支付，支付宝切入社交中的支付场景不会有现在这么大的阻力，可能还会成为创举。而且微信支付如果想要完善更多的支付场景、生活服务，就不会一直依托于微信，而应该独立出来。如果一味依托社交关系，后续一系列的金融服务会受到局限。单就金融服务而言，支付宝品牌优势要强于微信支付。这类支付工具不仅仅满足于解决某个固定的需求，转而期望提供一系列服务来拓宽产品边界。

微信支付通常是在联系人之间进行，用户在使用微信的同时顺带着就进行支付消费，提升消费支付体验感，带来微信的价值增值。因而微信会带来一定程度的线上支付的分流。同时，微信支付直接跟占银行发卡市场份额90%的前十家银行谈判，将其数据接口直接与银行连接，其在支付比例分成方面会减少银联的份额，从而为降低支付费率创造了可能，受益的自然是卖家。因为卖家渠道费用的降低，也为线上商品价格降低提供了一种可能。微信支付当属目前最快最简单的移动支付方式之一，付款的时候避免了顾客忘记带钱包，特别是找零钱的麻烦。而且现在微信普及率相当高，消费用户几乎都能使用微信支付，都可以直接通过微信号进行消费。支付宝的出现是因为淘宝网和天猫的背后支撑。目前，淘宝网和天猫分别已经占领 C2C 和 B2C 的八成和五成份额，用户流量的巨大无可替代。虽然腾讯的流量大且质量高，但其流量的来源并非电商，并不能将流量瞬间转化为潜在买家和支付行为。微信用户更多是把微信当成一种消遣和社交工具，作为社交网络移动端的延伸应用，并非为了购买和支付而来。就目前来看，微信支付只是另一个可以移动支付的工具，用户将微信上可交易的商品和服务进行支付购买。微信并不能指望支付工具来吸引流量，但可以在用户玩微信的时候将用户的购买欲转化为实际交易行为。

从短期来看，微信支付不会撼动支付宝的位置，而且对于支付宝和微信来说，消费者的使用习惯不一样，微信可以完全凭借其优势培养自己的使用和消费习惯，进而让用户成为微信支付的坚定使用者。微信支付从 2014 年 8 月正式上线以来，微信支付加微信公众平台组成的全套商业解决方案为众多行业提供了快速拥抱移动互联网的机会。买家在门店消费时用微信支付结账，过程只需数秒即可完成，并且还可参与各种各样的营销活动。商家通过电子货币收款可以有效避免收到假币和收银员舞弊。而且使用微信支付收款，资金实时到达商户的账户，及时归集，加速商户现金流回笼，有利于提高资金的使用效率。消费者进店消费使用微信支付结账，当支付完成时消费者的微信自动关注商家微信公众号。商家长此以往便可以积累庞大的目标客户群体。微信支付平台内含线上自营销系统，商家可开通在线微商城,自行在平台内做营销活动,推送活动促销、产品更新等信息。而且由于有粉丝间互动平台,商家可在平台内推送红包、问卷调查、抽奖券及其抵用券等赢得"回头客",起到二次营销引流作用,增加商家和用户粘性。微信支付有强大的数据统计功能,商家可以在后台查看当日或当月历史销售数据。为商家制定下一阶段发展战略提供精准的数据分析。目前,接入微信支付的商户,当满足官方活动要求时可以向官方申请最低 10 万元人民币的微信支付日活动补贴。活动内容有满立减、随机减等,吸引客户群体。

三、微信支付的主要类型

(一) 公众号支付

公众号支付是指在微信内的商家页面上完成支付。如果商家有被认证的公众号(并且是服务号),再开通公众号支付,就可以在自己的微信公众号上接受客户的订单并结账收款。即若商家在微信上开通了自己的公众号,则只需注册"微信支付"即可完成支付功能的开通。

(二) APP 支付

APP 支付是指在 APP 中,调用微信,完成支付结算。商家如果开通了自己的 APP,通过 APP 微信支付接入自己的 APP,即可实现在自己开发的 APP 下接收客户的微信支付。APP 微信支付是为移动应用量身打造的支付系统,开发者不需要编写冗长的代码,应付复杂的入网申请流程,简单几步就可以使移动应用获得支付功能,从而更专注于开发应用本身。简单的说,如果商家开发了自己的APP,想让客户可以在自己的APP中使用微信支付,需要开通"APP微信支付"。

(三)扫码支付

扫码支付是指使用微信扫描二维码,完成支付结算。扫码支付是一种基于账户体系搭起来的无线支付方式。在该支付方式下,商家可把账号、商品价格等交易信息汇编成一个二维码并在相关载体上发布。用户通过手机客户端扫描二维码,便可实现与商家微信账户的支付结算。商家可根据支付交易信息中的用户收货、联系资料,进行商品配送,完成交易。

(四)条码支付

条码支付是指用户展示条码,商户扫描后,完成支付。通常情况下,收银员在商户系统操作生成支付订单后须经用户确认支付金额。商户收银员用扫码设备扫描用户的条码或二维码,商户收银系统提交收款申请;微信支付后台系统收到支付请求,根据验证密码规则判断是否验证用户的支付密码,不需要验证密码的交易直接发起扣款,需要验证密码的交易会弹出密码输入框。支付成功后微信端会弹出支付成功页面,支付失败会弹出错误提示。

四、商户微信支付的申请

目前腾讯科技有限公司对商户申请微信支付的基本条件规定有:第一,商户需要有营业执照。目前微信支付使用的是

支付宝 网银 微信支付

B2C 即时到账接口，暂不支持 C2C 的担保交易类型；第二，商户经营的商品符合微信支付支持的商品类别；第三，商户的公众号是服务号（目前只有经过认证的服务号才能接入微信支付。不具备开通微信支付的商户可以用自己的独立域名通过微信的"C 后台"功能直接对接支付宝系统和银联支付系统）。进行微信支付的商户需要按照腾讯科技有限公司的规定提交获取商户号申请。目前微信支付功能仅开放给已经通过微信认证的服务号，若已经通过微信认证，且是服务号，则可点击"直接登录"按钮进入微信的商户平台。未经认证的商户则先要申请微信认证获得服务号。但需要注意的是，申请认证的商户主体与后续申请微信支付权限的商户主体应保持一致。登录微信公众平台，点击右上角"立即注册"按钮，进入微信公众号申请界面（如图 199 所示）。

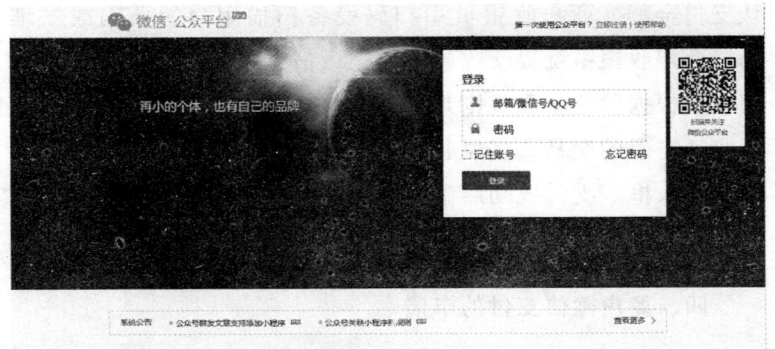

图 199 微信公众号申请界面

用户注册账号须在微信公众号界面选择账号的类型。用户账号类型包括订阅号、服务号、企业号和小程序四类（如图200所示）注册时一旦选择账号类型将无法修改。其中，订阅号主要是为用户提供一些资讯和讯息，如新闻媒体的信息推送。每天可发群消息1次。服务号则是通过服务平台直接办理业务或网上缴费充值，诸如招商银行、中国移动、中国联通这些公司的公众平台所注册的就是服务号，主要是为用户提供服务。每个月可以发群消息4次。目前服务号只针对企业、政府或其他组织类型，凡是个人注册公众平台全为订阅号。订阅号升级为服务号需要1个工作日左右。企业号多半是企业内部使用，用于企业员工之间通讯，主要是方便企业内部员工之间的工作沟通、集合信息和通知诸多功能，相当于一个移动的小型OA系统。一般不用来对外宣传推广。微信小程序又称作应用号，不同于上述账号类型，它是一种全新的公众号形态，类似于APP，或者说一种第三方插件，用户不需要下载安装，只需点击"关注"按钮即可使用。它的诞生意味着新媒体与APP开发的结合。小程序给应用者提供了更丰富的框架组建和API接口，包括界面、视图、内容、按钮、导航、多媒体、位置、数据、预测等，比较其他公众号类型能推出更多功能，且更加丰富的应用程序。

点击"服务号"按钮后，进入基本信息填写页面，填写"邮箱"、"密码"、"验证码"等相关信息，注册微信公众账号。若商户已经有微信公众账号，则直接点击"立即登录"按钮登录（如图201所示）。

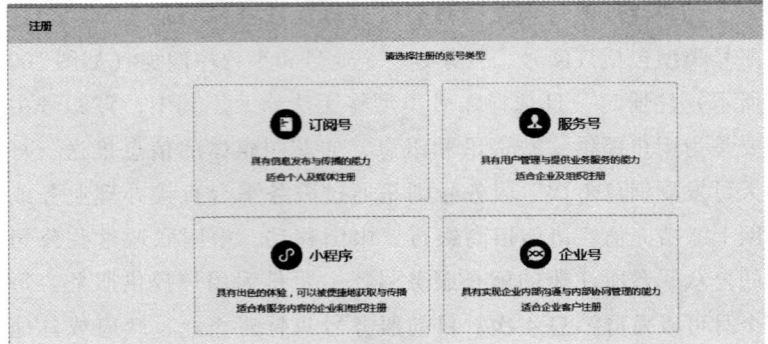

图 200　微信公众号类型的选择界面

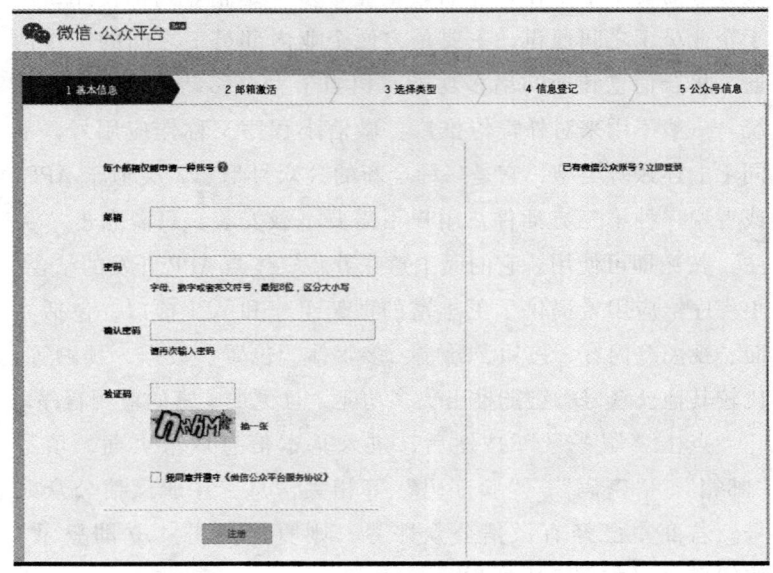

图 201　微信公众平台注册及登录界面

基本信息填写完毕并核对无误后，用户应认真阅读《微信公众平台服务协议》，而后点击文字"我同意并遵循《微信公众平台服务协议》"前面的复选框，进入"邮箱激活"界面，根据提示打开用户的注册邮箱，查看邮件中的激活码并激活公众平台账号（如图 202 所示）。

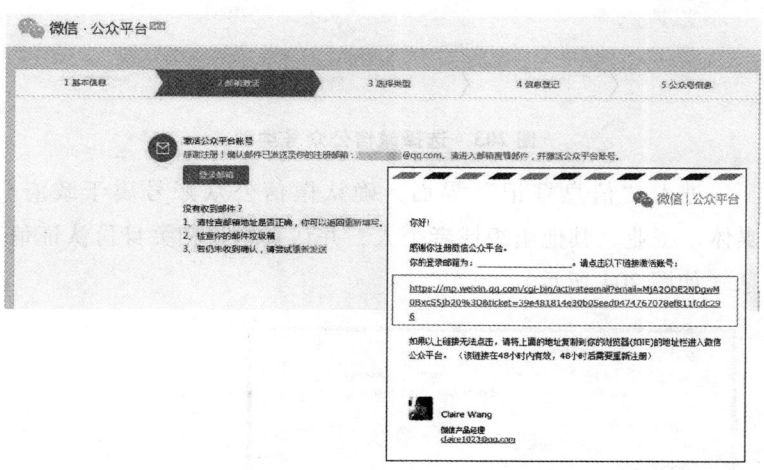

图 202　查看邮箱邮件激活微信公众平台账号

选择公众号类型，点击"了解详情"，即可了解订阅号、服务号、小程序及企业号四种类型公众号的差别（如图 203 所示）。

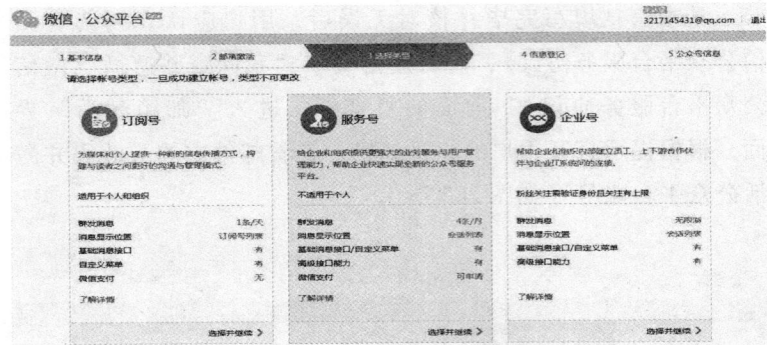

图 203　选择微信公众号类型

进入"信息登记"界面，确认微信公众账号属于政府、媒体、企业、其他组织或者个人，并认真填写相关身份认证信息（如图 204 所示）。

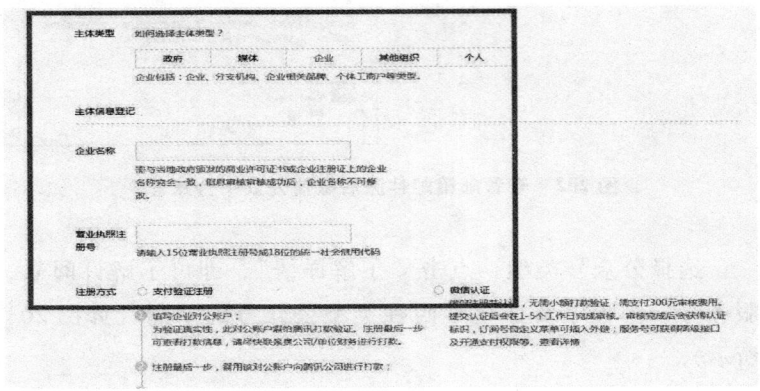

图 204　微信公众账号"信息登记"界面

在"公众号信息"页面请按照对应的类别进行公众号信息名称及其功能、运营地区、语言及其类型登记(如图205所示)。

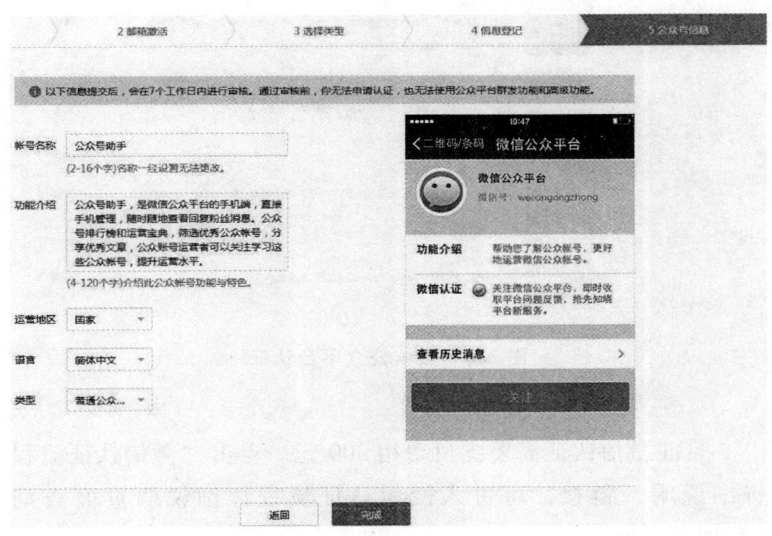

图205 微信公众号信息完善界面

点击"完成"按钮进行信息提交。以上信息提交后,微信团队会在7个工作日内进行审核。在通过审核前,用户将无法申请认证,也无法使用微信公众平台群发功能和高级功能。7个工作日后,用户登录微信公众平台,选择左侧菜单栏"服务——服务中心——微信认证"菜单选项,进入微信认证流程(如图206所示)。

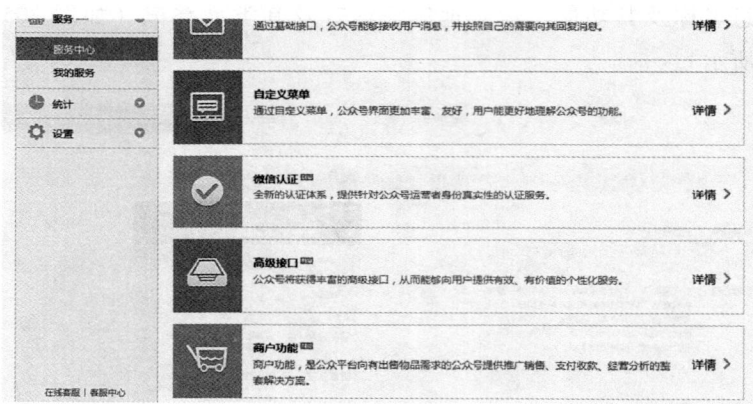

图 206　微信公众平台认证

目前微信认证需要支付费用 300 元。点击"微信认证流程详细说明"链接，可进入微信认证流程详细说明页面查询（如图 207 所示）。

在微信流程详细说明界面，用户应仔细阅读相关《微信公共平台认证服务协议》的有关内容，并点击文字"我同意并遵守《微信公共平台认证服务协议》"字样前面的复选框，而后点击"下一步"按钮，进入"同意命名规则"相关信息填写界面（如图 208 所示）。

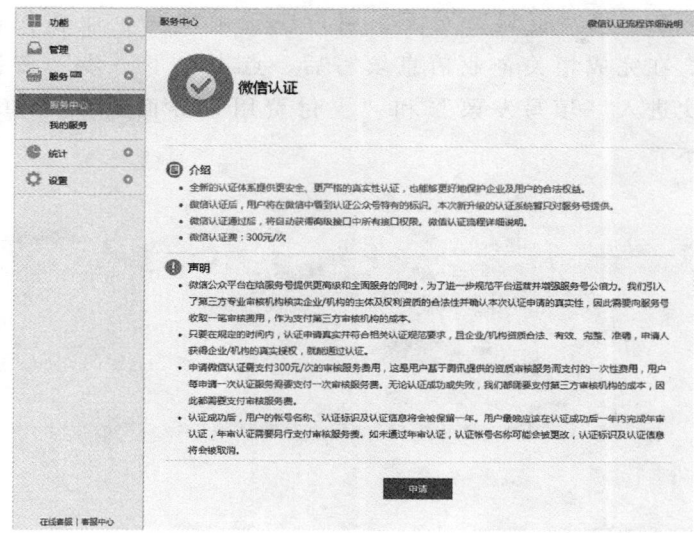

图207 微信认证流程详细说明界面

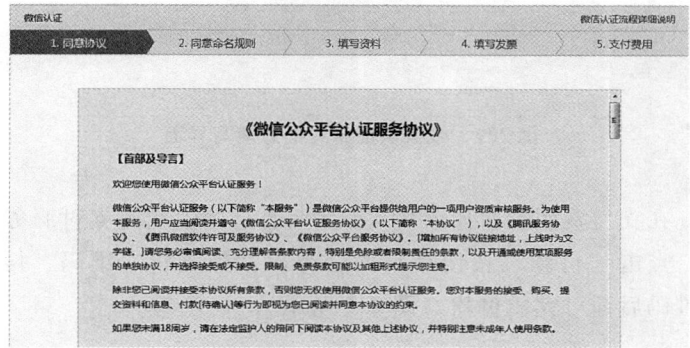

图208 微信公众平台"同意协议"界面

在"填写资料"页面,用户应正确填写企业相关信息。在完成相关企业信息填写后,点击"下一步"按钮依次进入"填写发票"和"支付费用"界面(如图209所示)。

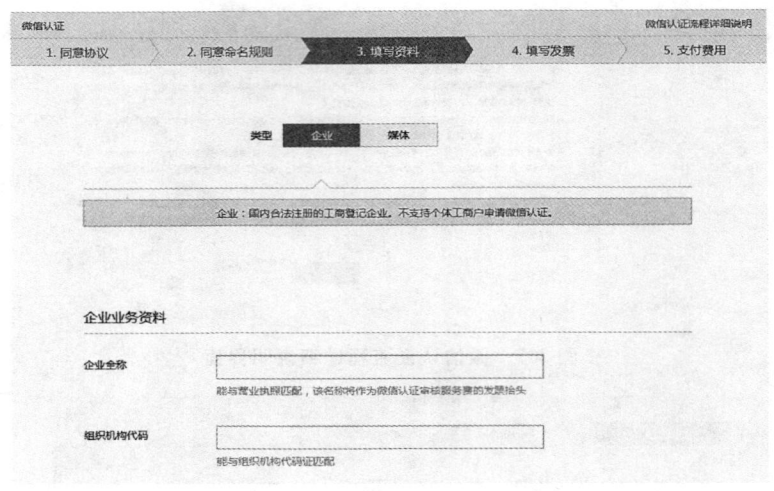

图209　微信认证企业信息填写界面

在支付费用页面如图210所示,通过微信扫码支付服务费用。点击"付款"按钮后页面会弹出微信支付二维码,扫描二维码后即可完成付款(图211所示)。

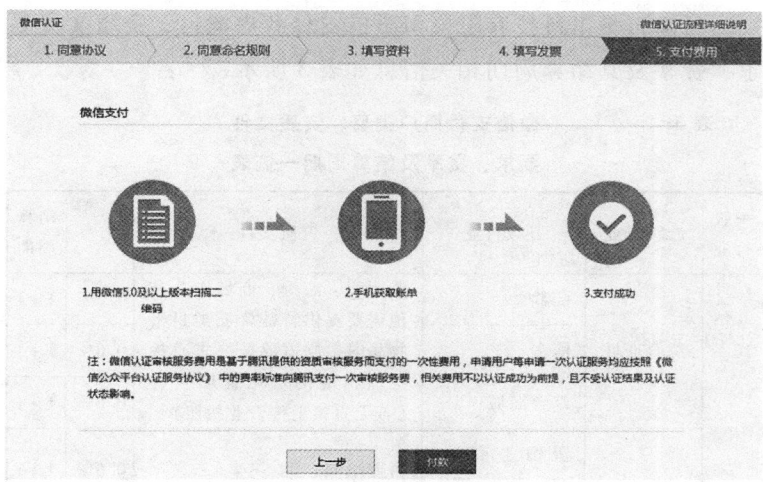

图 210　微信认证支付费用页面

图 211　微信支付完成界面

目前,腾讯科技有限公司微信支付商户类目、资质文件要求、费率及其结算周期相关信息如表3所示:

表3　　　微信支付商户类目、资质文件要求、费率及结算周期一览表

一级行业	二级行业	三级行业	资质文件	费率	结算周期
实物	综合商城	团购	若团购、海淘、商城中含其他需要提供特殊资质类目下物品时,则需要按要求直接提供相应的资质证明文件(若无直接上传营业执照)	0.6%	T+1
		海淘		0.6%	T+1
		综合商城		0.6%	T+1
	时尚	服饰类商城、服饰配件、箱包	营业执照	0.6%	T+1
		礼品、鲜花、纪念品	营业执照	0.6%	T+1
		户外、运动、健身器材、安防	营业执照	0.6%	T+1
		乐器	营业执照	0.6%	T+1
		手表、钟表、眼镜	隐形眼镜需要"医疗器械经营企业许可证"(若不涉及隐形眼睛直接上传营业执照)	0.6%	T+1
		黄金珠宝、钻石、玉石	营业执照(经营范围需要涉及黄金等售卖)	2.0%	T+1
		饰品	营业执照	0.6%	T+1

续表

一级行业	二级行业	三级行业	资质文件	费率	结算周期
实物	生活、家居	家居、建材、装饰、布艺类商城	营业执照	0.6%	T+1
		家用电器	营业执照	0.6%	T+1
		计生用品	营业执照	0.6%	T+1
		美妆、护肤、个人护理	涉及祛斑等特殊用途的化妆品需"特殊用途化妆品卫生许可证"（若不涉及直接上传营业执照）	0.6%	T+1
		工艺品、盆栽、室内装饰品	营业执照	0.6%	T+1
		汽车、摩托、自行车、其他交通工具、配件、改装	营业执照	0.6%	T+1
	餐饮、食品	食品	食品流通许可证或食品卫生许可证	0.6%	T+1
		保健品、滋补品	食品流通许可证或食品卫生许可证及保健食品经营卫生许可证（二选一）	0.6%	T+1
		餐饮	餐饮服务许可证或下属门店的餐饮服务许可证和申请公司的从属关系证明	0.6%	T+1

续表

一级行业	二级行业	三级行业	资质文件	费率	结算周期
实物	数码	数码产品	营业执照	0.6%	T+1
		办公设备	营业执照	0.6%	T+1
	母婴、玩具	母婴用品、儿童玩具	营业执照	0.6%	T+1
		母婴类商城	食品流通许可证或食品卫生许可证	0.6%	T+1
	票务	影票、演唱会、赛事等娱乐票务	营业执照	0.6%	T+1
		火车票、船票、车票等交通票务	收费授权证明文件（如授权证明书或合同）	0.6%	T+1
	机票、旅游	旅行社	旅行社业务经营许可证	0.6%	T+1
		旅游服务平台	营业执照	0.6%	T+1
		航空公司	营业执照	0.6%	T+1
		机票代理	航空公司机票代理资格证	0.6%	T+1
		旅馆、酒店、景区、度假区	营业执照	0.6%	T+1
	书籍、音像、文具	书籍、音像	音像制品经营许可证或出版物经营许可证	0.6%	T+1
		文具	营业执照	0.6%	T+1

续表

一级行业	二级行业	三级行业	资质文件	费率	结算周期
实物	收藏、宠物	宠物、宠物食品	营业执照	0.6%	T+1
		非文物类收藏品	营业执照	0.6%	T+1
		文物经营	文物经营许可证	0.6%	T+1
		文物拍卖	文物经营许可证、文物拍卖许可证	0.6%	T+1
		文物复制品销售、典当	文物复制品销售许可证或者典当经营许可证	0.6%	T+1
	机械、电子	保健器械	营业执照	0.6%	T+1
		医疗器械	医疗器械经营企业许可证	0.6%	T+1
		电子元器件、仪器仪表、机械设备及配件	营业执照	0.6%	T+1
	苗木、绿化	苗木种植	营业执照	0.6%	T+1
		园林绿化	城市园林绿化企业资质证书	0.6%	T+1
		化肥、农用药剂等	农药：下列单位可以经营农药（必须是公司或组织机构）：(1) 供销合作社的农业生产资料经营单位；(2) 植物保护站；(3) 土壤肥料站；(4) 农业、林业技术推广机构；(5) 森林病虫害防治机构；(6) 农药生产企业；(7) 国务院规定的其他经营单位。经营的农药属于化学危险物品的，应当按照国家有关规定办理经营许可证。广东省商户无资质要求。	0.6%	T+1

续表

一级行业	二级行业	三级行业	资质文件	费率	结算周期
实物	装饰	室内装饰设计服务	工程设计资质证书	0.6%	T+1
	生活、咨询服务	咨询、法律咨询、金融咨询等	营业执照	0.6%	T+1
		家政、婚庆服务、摄影服务	营业执照	0.6%	T+1
		丧葬行业	营业执照	0.6%	T+1
		印刷、维修服务、排版、刻板	营业执照	0.6%	T+1
		会展服务、活动策划	营业执照	0.6%	T+1
		办证、刻章	需公安部门的批准文件	0.6%	T+1
		广告公司	营业执照	0.6%	T+1
		报社、出版社	营业执照	0.6%	T+1
		电台、电视台	营业执照	0.6%	T+1
		开锁工具	营业执照，若经营范围无明示则需提供特殊经营许可证明	0.6%	T+1
	教育、培训	教育、培训、考试缴费、学费	营业执照	0.6%	T+1
		公立院校	营业执照	0	T+1
		学校	民办非公立院校需提供办学许可证，公立院校无需提供。	0.6%	T+1

续表

一级行业	二级行业	三级行业	资质文件	费率	结算周期
实物	娱乐、健身服务	美容、健身类会所	营业执照	0.6%	T+1
		俱乐部、高尔夫球场、休闲会所	营业执照	0.6%	T+1
		游艺厅、KTV、网吧	娱乐经营许可证	0.6%	T+1
	公共事业缴费	水电煤缴费、交通罚款等生活缴费	收费授权证明文件（如授权证明书或合同）	0.1%	T+1
		事业单位		0.6%	T+1
	其他生活缴费	有线电视缴费	广播电视节目传送业务经营许可证	0.6%	T+1
		停车场	公安交通管理部门的备案证明	0.6%	T+1
		物业管理费	物业管理企业资质等级评定证书（向建设部申请）	0.6%	T+1
		城市交通卡	收费资质	0.6%	T+1
		其他生活缴费	收费资质	0.6%	T+1

续表

一级行业	二级行业	三级行业	资质文件	费率	结算周期
实物	医疗	药品	药品交易提供互联网药品交易服务证,非药品交易则提供互联网药品信息服务证	0.6%	T+1
		保健信息咨询、心理咨询、体检卡	互联网医疗保健信息服务审核同意书(广东省已取消此证,广东省商户无需提供)	0.6%	T+1
		医院	医疗机构执业许可证	0.6%	T+1
		公立医院	医疗机构执业许可证	0	T+1
		挂号	卫生局的批文或者和医院的合作协议	0.6%	T+1
		亲子鉴定、催眠	亲子鉴定:司法鉴定资质证书催眠:需要医院主体签约	0.6%	T+1
		中草药原材料	营业执照(经营内容需要包含"中草药种植和销售")	0.6%	T+1
	快递、货运服务	物流、快递公司	物流道路运输许可证;快递快递业务经营许可证	0.6%	T+1
	交通运输服务类	铁路货物运输	托运人资质证书	0.6%	T+1
		道路运输	道路运输经营许可证	0.6%	T+1
		水路运输	水路运输业务经营许可证	0.6%	T+1
		海运	水路运输业务经营许可证	0.6%	T+1
		港口经营、港口理货	港口经营许可证	0.6%	T+1
		航空运输	公共航空运输企业经营许可证	0.6%	T+1
		租车	出租车需要道路运输经营许可证,汽车租赁需要营业执照包含相关内容	0.6%	T+1

续表

一级行业	二级行业	三级行业	资质文件	费率	结算周期
实物	房地产	房产预售	建设用地规划许可证、建设工程规划许可证、建筑工程开工许可证、国有土地使用证、商品房预售许可证	0.6%	T+1
		房屋中介	包含房地产中介经营范围的企业法人营业执照	0.6%	T+1
	通信	电信运营商	电信业务经营许可证	0.6%	T+1
		宽带收费	电信业务经营许可证	0.6%	T+1
	直销	直销业务	直销资质查询网站：http://zxgl.mofcom.gov.cn	0.6%	T+1
	平台商	平台商	需上传与入驻商户的合作协议	0.6%	T+1
虚拟	彩票	彩票	经营无纸化彩票销售业务。同时提供如下资质证明材料：(1)商户与彩票发行中心有合作协议的，提供合作协议复件，协议中需明确说明为线上售彩业务；(2)商户与彩票代理商签订协议的，提供合作协议复件，协议中需明确说明为线上售彩业务、商户获得合法的二次授权	1.00%	T+7
	通信	话费通讯	提供与运营商间的合作授权收费协议	0.6%	T+7

续表

一级行业	二级行业	三级行业	资质文件	费率	结算周期
虚拟	生活、咨询服务	人才中介机构、招聘、猎头	人力资源服务许可证	0.6%	T+7
		职业社交、婚介、交友	营业执照经营范围需要包含交友等；涉外婚介不得接入	0.6%	T+7
		网上生活服务平台	营业执照	0.6%	T+7
	金融	财经资讯	若有具体的荐股行为，需资质证券投资咨询业务资格证书（若不涉及直接上传营业执照）	0.6%	T+7
		股票软件类	证券投资咨询业务资格证书	0.6%	T+7
	保险	保险公司	经营保险业务许可证	0.6%	T+1
		保险代理公司	经营保险代理业务许可证	0.6%	T+1
		保险经纪公司	经营保险经纪业务许可证	0.6%	T+1
		保险公估公司	经营保险公估业务许可证	0.6%	T+1
		保险兼业代理公司	保险兼业代理许可证	0.6%	T+1
	公益	公益	基金会法人登记证书	0	T+1

续表

一级行业	二级行业	三级行业	资质文件	费率	结算周期
虚拟	网络虚拟服务	门户、资讯、论坛	营业执照	2.0%	T+7
		视频、网络小说、在线图书、音乐	互联网出版许可证或网络文化经营许可证	2.0%	T+7
		域名、建站、主机、代码	营业执照	2.0%	T+7
		搜索引擎、网络广告、网络推广、视频制作	营业执照	2.0%	T+7
		游戏、点卡、金币	网络文化经营许可证	2.0%	T+7
	软件	软件	营业执照	2.0%	T+7
	数字娱乐	彩铃	增值电信业务经营许可证	2.0%	T+7
	其他	其他行业	相关资质证照	0.6%	T+7
	众筹	众筹	营业执照（仅限实物类、公益类众筹网站接入申请，暂不支持股权类众筹商户）	2.0%	T+3
	预付卡	单用途预付卡	预付卡需在商务部完成备案。总公司完成备案后，分公司、子公司可以使用。备案查询网址：http://yfk.mofcom.gov.cn/card/	0.6%	T+7

五、商户微信红包发放申请

微信支付中的企业红包有代金红包和立减红包两种类型。代金红包是用户可领取并在领取后才能使用的代金券。立减红包是支付时即时判断用户是否具备的减价资格,无须领取,仅对当笔订单有效。代金红包适合抽奖、发券、返利形式的营销活动,立减红包适合全场减价、满额立减形式的营销活动。企业红包功能无须单独申请开通,已包含在微信支付接口中。使用账号和密码登录微信支付商户平台,在左侧导航栏选择"企业红包——创建企业红包"菜单(如图212所示),并点击右侧"立即启用"按钮。此时商户将开启企业红包功能,用户可以在此商户系统完成企业红包的配置、管理、监控等操作。在微信支付API接口开发过程中,需要关注以下关键字段:"总金额"是订单生成时的金额,也是支付成功后用户的实收金额。"企业红包金额"为该笔订单中所有企业红包抵扣的金额总和。"商品标识"是企业红包配置规则中可以限定消耗时需满足的商品标识。如果订单商品标识为空,则可使用所有符合条件的不限标识企业红包。如果有商品标识,则可以使用所有符合条件的不限标识企业红包及包含此标识的企业红包。

用户可以在"企业红包——创建企业红包"菜单中根据需要选择创建红包规则及批次。点击"立即启用"按钮,进入"基本信息"填写页面(如图213所示)。输入"红包名

图212　微信支付中的"企业红包——创建企业红包"菜单界面

称"时，用户须自定义红包的标题，最长为8个中文字符。最终系统会在自定义标题后自动加上"红包"后缀。用户在输入红包面额时，单个红包的固定金额，不能低于1元，且必须在一次支付中完全消耗。用户在输入代金红包使用门槛时，如果有使用门槛，则类似满额减价的代金券，用户领取多个同一批次的红包在卡包和微信支付时分开展示；如果不设置使用门槛，则用户所领取的多个同一批次企业红包会在卡包和微信支付时汇总展示。用户设定立减红包使用门槛时，指定商户里满足此金额的交易可使用立减红包减价。用户发放立减红包时，立减红包需设置每个批次的发放总数，与面额共同计算出预算总额。激活立减红包批次时，会从用户账户余额中一次性扣除预算总额（代金红包是每发一张扣除一次）。立减红包过期、终止或退款后，资金将返回账户中。用户设置红包有效期时，该批次红包生效和失效的日期，与用户领取时间无关。已过期的批次无法领取。有效期最短 1 天，最长 3 个月。立减红包有效期指立减规则生效的日期。红包使用说明可向用户介绍该红包的使用场景、支付方式等情况，可在红包领取页、放入卡包后的卡券详情页展示。但该说明不能超过 120 个中文字符。立减红包无领取页也无法插入卡券，其使用说明是为了交易回溯时查阅。右侧示例区可看到当前企业红包的 logo，如果商户有公众账号则默认使用公众账号 logo，如果无公众账号则默认使用微信支付 logo，无法更改。立减红包无此样式。

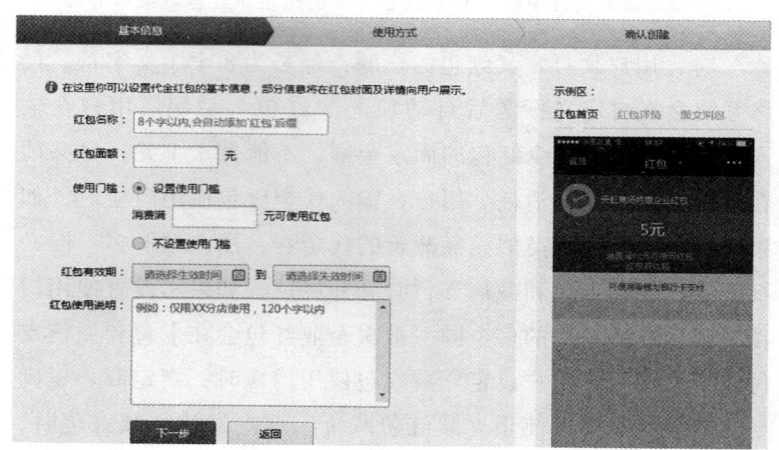

图 213　微信支付中的"企业红包——创建企业红包""基本信息"填写页面

　　进入配置"使用方式"界面（如图 214 所示）。输入用户可领红包个数：每个微信用户可领同一批次企业红包的个数，不能超过总上限。立减红包的可领个数为用户可获取此减价资格的次数。用户设置红包使用商户，即设置该企业红包可在哪些商户内使用，默认为创建批次的本商户号。也可以通过输入 mchid（提供即时通讯服务的免费应用程序）添加其他可使用的商户，最多可添加 20 个。此商户号列表不会给用户展示，如果有多个使用场景，请在使用说明中注明。用户设置红包支付方式，即消耗此红包时限定的支付方式，比如只限零钱、银行卡或某个指定的银行卡类型，默认为不限制（即零钱 + 所有银行卡）。红包发放上限为该代金红包批次的发放数上限。发放数达到此上限时，无论账户是否还有余额均无法继续发放，但最少数量为 5 个。同时设置该批次企业红包能否和本商户发放的其他企业红包同时使用。已指定支付方式的红包必然可同时使用。用户设置卡包功能，以选择该批次代金券是否要具备可插入卡包的能力，如果需要插入卡包，则红包信息需经过卡包系统审核，大约需要 1~3 个工作日。审核通过并且激活批次后才能正式发放。立减红包无法放入卡包。使用红包场景为选填项目，用于限制使用红包的支付请求来源，通常不做修改。商品标识为选填项目，用于限制特定订单才能使用该红包。订单信息中包含在该批次红包的商品标识列表中时，此红包才能使用。商品标识的编写规则为"两英文字符 + 下划线 + 数字"，可配置多个商品标识。订单信息中有一个标识命中红包规则中的商品标识即可认为可用。红包发放链接设置，此字段暂时无用。

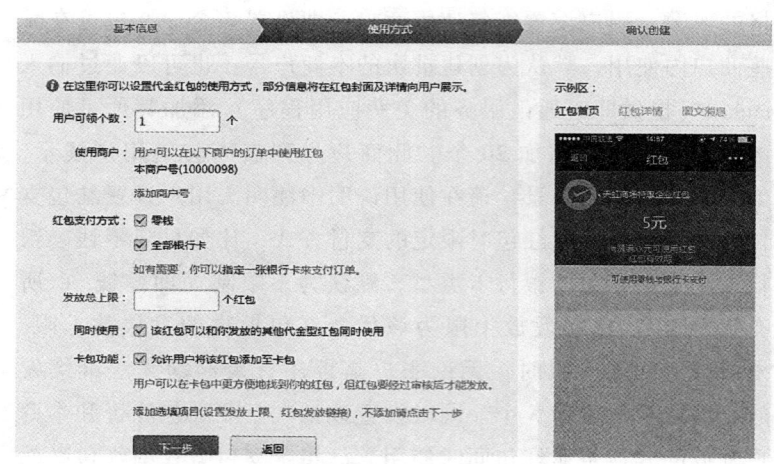

图214 微信支付中的"企业红包——创建企业红包""使用方式"设置界面

点击进入"确认创建"界面（如图215所示），核对全部创建信息无误后点击"确认创建"按钮完成代金红包的规则设置。

创建成功后用户将获得代金红包的批次号，该批次会在"管理企业红包——草稿箱"中（如图216所示）。草稿箱中的红包需激活后才能使用。待激活的红包批次都存放在草稿箱中。点击各批次右上角"激活"按钮可查看批次详情并激活批次。激活后的红包批次将进入"运营中"。

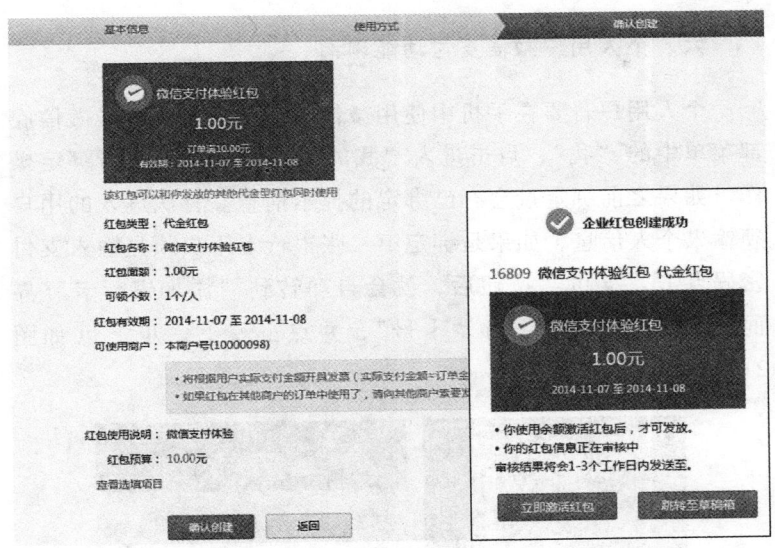

图 215　微信支付中的"企业红包——创建企业红包""确认创建"界面

图 216　微信支付"管理企业红包——草稿箱"界面

六、个人用户微信支付功能申请

个人用户若要在手机中使用微信支付,则需要进入微信底部菜单中的"我",点击进入"我的银行卡"选项进行绑定操作。如果之前绑定过会有已绑定的提示信息。首次进入的用户须输入个人信息,如果是绑定第二张银行卡用户须先输入支付密码点击"支付"按钮后,就会自动转到"添加银行卡"界面。在此页面输入银行"卡号",并点击"下一步"(如图217所示)。

图217 微信支付"我的银行卡"添加银行卡界面

用户在"填写银行卡信息"时,须输入银行卡类型、用户真实姓名、身份证号码及其手机号码相关信息,认真阅读并点击文字"同意《微信支付协议》"前面的复选框,而后点击"下一步"按钮(如图218所示)。

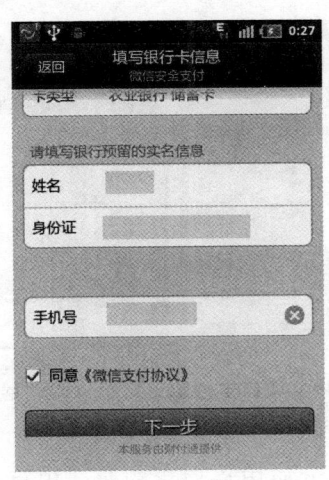

图218 微信支付"填写银行卡信息"界面

接下来用户手机会收到一条来自腾讯的验证码信息。用户须将获取的验证码输入"对话框"中,并点击"下一步"按钮。而后用户还需要设置支付密码信息。输入完成后,就完成了微信与银行卡的绑定,并在以后使用该项服务功能实现在线支付(如图219所示)。

七、个人用户微信支付使用

若用户想通过扫描商户展示的二维码进行支付,则商户需要根据微信支付的规则,为不同商品生成不同的二维码并展示

支付宝　网银　微信支付

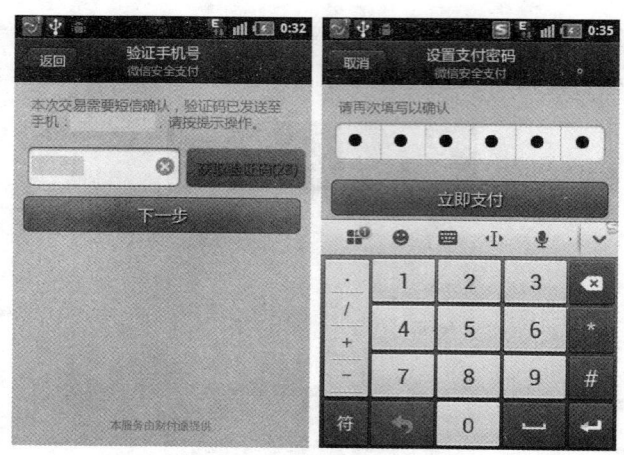

图219　微信支付绑定银行卡时"验证手机号"及设置支付密码界面

在各种购买场合，方便用户扫描购买。用户使用微信"扫一扫"扫描二维码后，获取商品支付信息，并引导用户完成支付过程（如图220所示）。

　　用户确认支付金额无误后，须输入支付密码确认支付。支付完成后系统会提示用户支付成功（如图221所示），商户后台得到支付成功的通知，然后进行发货处理。

　　若用户采用APP支付方式，则商户APP会跳转到微信中完成支付，支付成功后，跳转回到商户APP内，最后展示支付结果。目前微信支付支持手机系统有IOS、Android和WP。用户进入商户APP，选择商品下单、确认购买，进入支付环节。商户服务后台生成支付订单，签名后将数据传输到APP

图 220 微信"扫一扫"扫描二维码支付界面

图 221 微信支付输入支付密码及支付成功提示界面

端。用户点击后发起支付操作,进入到微信支付,出现确认支付界面。用户确认收款方和金额,点击"立即支付"后出现输入密码界面,可选择微信"零钱"或银行卡支付(如图222所示)。

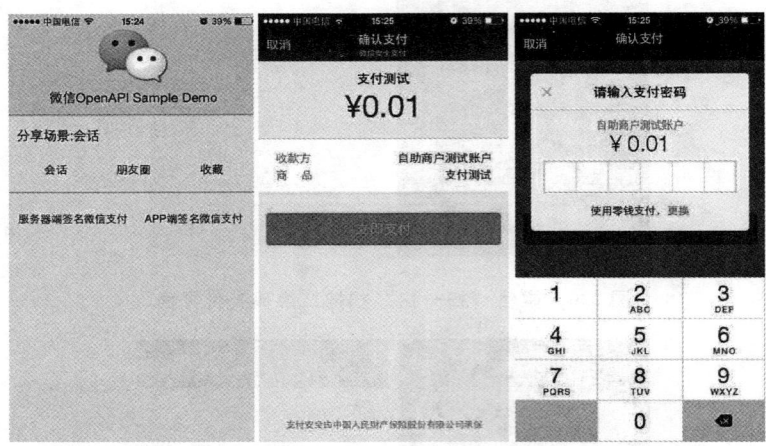

图222 用户使用微信APP发起支付操作界面

用户输入正确密码后,支付完成,用户端微信出现支付详情页面(如图223所示)。而后用户操作回跳到商户APP中,商户APP根据支付结果个性化展示订单处理结果。

用户通常会在微信上面看到商户的红包发放信息(如图224所示)。用户领取红包后,相应资金会到达用户微信支付零钱账户。目前微信红包和微信钱包中的其他资金有一样的使用出口。若微信商户发放红包后,用户未领取该红包,则资金

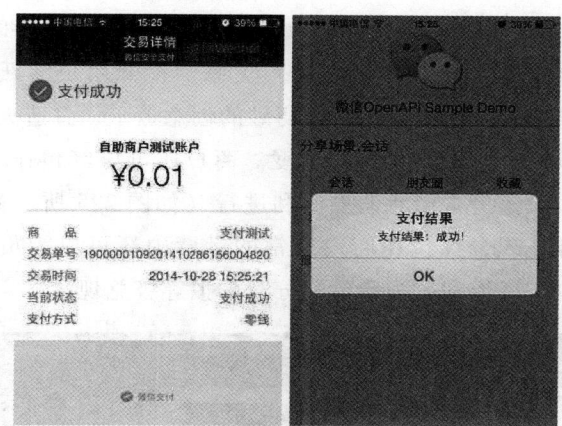

图 223　微信 APP "零钱"支付详情页面

图 224　商户发放微信红包页面

支付宝　网银　微信支付

将会在 24 小时后退回商户的微信支付账户中。微信红包可以为企业推送新用户、巩固老用户关系、提升用户活跃度。同时，商户通过微信平台，结合巧妙的创意点子，打造火爆的活动，可以提升商户与品牌知名度。商户还可以红包作为奖品，使抽奖、满送等营销活动更便利进行（如图 225 所示）。除了营销之外，现金红包在商户日常的运营中还可以为员工返福利，为供应商返利，为会员积分、虚拟等级兑现。

图 225　商户通过微信发起营销活动及微信红包详情页面

若用户选择刷卡支付方式，则用户打开手机微信后，依次进入"我——钱包——收付款"界面；商户收银员在商户系统操作生成支付订单后，用户需要确认支付金额；商户收银员用扫码设备扫描用户微信中的条码或二维码，商户收银

下篇 微信支付及其使用 237

系统提交支付（如图 226 所示）；微信支付后台系统收到支付请求，根据验证密码规则判断是否验证用户的支付密码，不需要验证密码的交易直接发起扣款，需要验证密码的交易会弹出密码输入框。支付成功后微信端会弹出支付成功页面，支付失败会弹出错误提示界面（如图 227 所示）。目前，用户刷卡条形码采用 18 位纯数字，以 10、11、12、13、14、15 数字开头。

图 226 微信"收付款"功能页面

图 227 微信"收付款"支付密码验证界面

若用户采用公众号支付方式,则用户须登录商户注册的商城网站,通过消息或扫描二维码在微信内打开商户网页,并调用微信支付完成下单购买流程。目前商户主要是采用下发图文消息或者通过自定义菜单吸引用户点击进入商户网页(如图228所示)。

当用户需要支付钱款时,调用微信支付控件,确认支付金额无误并正确安全输入支付密码。密码验证通过后支付成功,商户后台会得到支付成功的通知。同时在用户的微信界面上也会显示支付成功提示信息(如图229所示)。

图 228　商户微信公众号页面

图 229　商户微信公众号支付密码验证及交易详情界面

用户返回商户页面，会显示购买成功信息（如图 230 所示）。同时公众号还会下发消息，提示用户发货成功。商户也可以把商品网页的链接生成二维码，用户扫一扫打开后即可完成购买支付。

图 230　商户微信公众号购买成功提示界面

八、微信支付的主要安全问题及其安全使用手段

（一）微信支付的主要安全问题
1. 用户默认保存登录信息问题
微信支付是建立在微信之上的功能，安全性和微信本身的安全密切相关。微信平台为提升用户的登录体验，客户端默认是保存登录认证信息的，也就是说如果用户登录微信后，没有进行退出操作，每次打开微信就能自动登录。因此如果有人获取了用户的手机，而用户又恰好未做退出微信操作，此人就可以直接使用用户微信。即使用户的手机设置了开机密码只要用户的手机是 Android 操作系统，几个解锁软件就能破解锁屏密码。

2. 用户手机号码与微信绑定隐患问题

有的用户自信自己使用习惯非常好，每次使用微信后都会退出。但由于微信登录和注册时，默认首选的是"手机号码"，就产生了一个问题，如果手机丢失、手机号码弃用、非正常途径补办卡、SIM 卡被复制、短信被劫取，都会对微信安全造成威胁。因为微信还存在一种登录方式，即"短信验证码登录"，用户可以通过手机短信验证的方式取回登录密码并进行登录。而通过其他方式（如 QQ 号码）登录微信的，在使用过程又不小心同时绑定了手机号码，同样可以直接通过手机号码进行登录。这时就可以使用手机号码通过短信验证方式登录。

使用微信后，用户需要确保两个口令的安全，但攻击者如果通过某种途径获取到一个口令就可以登录微信。微信为防止盗号，对新客户端使用做了限制，如果是新客户首次登录，输入口令后还需判断识别 2 位自己的微信好友头像方可登录。但如果盗号者盗取了用户的 QQ 号码，通常 QQ 好友信息和微信类似，多猜几次基本能猜中。另外如果 QQ 用户还没有登录过微信或微信好友低于 2 位则盗号者可以绕过该控制，直接进行登录。

对于那些未激活微信账号QQ号的用户也可以直接登录。同时微信还有一个"绑定手机号码"的功能，如果用户绑定了手机号码，则每次登录都需要短信验证，这种措施虽然对于盗号能起到比较好的防御作用，但即使用户不勾选"通过手机号码搜索到我"，但还是可以把用户手机号码推送给用户的通讯录好友。部分用户为了自己的隐私可能就不会开启该功能。

3. 缺少隐私安全问题

微信支付的相关功能都在"我的银行卡"功能模块中，虽然和支付相关，但并不支持设置单独的口令，同时也没有类似手势密码的功能。如果用户已经绑定银行卡，且使用了"理财通"等产品，用户登录微信后就可直接查看其相关交易信息和资产状况。迅雷、百度云盘都支持手势密码和单独口令，微信作为即时通讯软件又附带支付功能，隐私信息众多，且随着微信接入商户的增多，用户的敏感信息必然越来越多，微信支付添加一个单独的口令或密码极有必要。

4. 绑定银行卡强制记录个人信息

微信在绑定银行卡时，如果是首次绑定，需设置支付密码。如果已绑定或曾绑定过银行卡，则添加新的银行卡时，须先输入支付密码后方可进行绑定操作。信用卡和储蓄卡两类卡都可进行绑定，但需提供的信息稍有不同。储蓄卡绑定，须提供持卡人姓名、身份证号码、卡号、预留手机号码、短信验证码。信用卡绑定，不同银行的需提供的信息略有不同，大多数商业银行的信用卡需提供持卡人姓名、身份证号码、卡号、信用卡有效期、安全码、预留手机号码和短信验证码等信息。首次成功绑定银行卡后，用户的姓名、身份证号码就会被微信记录，且与该微信账号绑定不能更改。首次绑定有点类似实名认证，为鼓励用户绑定银行卡，在绑定过程中微信并未进行相关提示和告知，此做法导致众多用户账号错误的被绑定了非本人的个人信息，且不能更改。

5. 支付密码的安全问题

由于微信支付模块不支持设置单独的口令，也没有类似手势密码的功能。用户在进行支付时，输入支付密码后即可完成支付，这时支付密码的安全就变成了最后的一关。用户的支付密码是在首次绑定银行卡时提示设置的，且口令只能设置为6位数字，复杂度较低，用户需注意窥视、口令猜解等风险，特别是有将口令设置成简单数字、电话号码、生日等弱口令的用户。用户修改支付密码有两种途径，一是输入原密码后修改支付密码，二是重新绑定银行卡后修改支付密码。重新绑定银行卡须输入用户姓名、身份证号码、卡号、预留手机号码、短信验证码等信息。因此如果用户的手机丢失而短信、照片、聊天记录中刚好留存相关个人信息，或者用户身份证、银行卡、手机同时丢失，则存在支付密码被重置的可能。现在手机已经做为日常沟通的首要工具，用户难免会在微信、QQ、短信等聊天工具的使用过程中提及身份证、银行卡号信息，风险确实是存在的。用户大多会在电脑使用中养成良好的安全习惯，但到了移动端就忽视了，而对于盗号诈骗、钓鱼链接等防范意识相对较低。抢"红包"让很多人争先恐后,但如果是伪装为"红包"的恶意链接,则将有很多人中招,微信需在这方面加强相应的安全措施和用户教育。究其缘由,还是注册微信时,未对注册人的真实身份(身份证号码、手机号码等)进行认证。现实中可能出现用两部手机的两个不同微信账户,绑定同一人的同一张银行卡,并且可以设置不同的支付密码。而一旦有人拿到用户的手机,且知道用户的银行卡号(前提是办理该张银行所预留的手机号码是当前使用的号码),就可以任意使用微信账号(未开通过微信支付的微信账号)绑定用户的银行卡从而进行消费。腾讯现在的做法是默认微信账号与第一次开通微信支付时绑定的银行卡用户名进行关联绑定。简单地说就是,假设用户现在开通微信支付,但却绑定另一个人的银行卡,那么此后该用户就只能绑定与这个人相关的银行卡,不能绑定其他人的银行卡。

(二)微信支付的安全使用手段

安全问题是在移动支付的发展过程中一个不可忽视的问题。支付服务最基本的底线是"安全",网络支付最核心的诉求是"便捷"。微信支付功能的上线,让微信从单一的沟通工具逐步向多元化的生活平台扩展,如何保障微信支付安全,自然成为微信用户关注的焦点。但是,安全与快捷很多时候是有冲突的。为了更安全,难免对支付环节造成不便;而有时更便利的服务也会埋下安全隐患。所有支付平台都在做的一件事,就是不断在两者之间进行平衡。为了确保微信支付安全,腾讯科技有限公司提出了微信平台的五大安全保障举措，为用户提供安全防护和客户服务。

1. 技术保障

微信支付后台有腾讯的大数据支撑，海量的数据和云计算能够及时判定用户的支付行为是否存在风险。基于大数据和云计算的全方位的身份保护，最大限度保证用户交易的安全，同时微信安全支付认证和提醒，从技术上保障交易的每个环节都是安全可靠的。

2. 客户服务

腾讯公司 7×24 小时客户服务，再加上微信的专属客服，可以基本做到及时为用户排忧解难。特别是微信支付开辟的专属客服通道，会以最快的速度响应用户提出的问题并做出判断和处理。

3. 业态联盟

基于智能手机的微信支付，将受到多个手机安全应用厂商的保护，如腾讯手机管家，将与微信支付一道形成安全支付的业态联盟。

4. 安全机制

微信支付从产品体验的各个环节考虑用户心理感受，形成了整套安全机制和手段，这些机制和手段包括硬件锁、支付密码验证、终端异常判断、交易异常实时监控、交易紧急冻结等，这一整套的机制将对用户形成全方位的安全保护。

5. 赔付支持

支付宝　网银　微信支付

腾讯科技有限公司与中国人民保险集团股份有限公司（以下简称PICC）达成合作，向微信支付用户提供全额赔付保障，并有"你敢付，我敢赔"的积极承诺。微信支付用户如果出现账户被盗被骗等情况，经核实确为微信支付的责任后，PICC将在第一时间进行赔付。而对于由于其他原因造成的被盗被骗，微信支付将配合警方，积极提供相关的证明和必要的技术支持，以帮助用户追讨损失金额。